Creative Writing Series

— 10 —

Copertina: *"... per via lunga, aspra e faticosa..."*

Giuseppe A. Sbrocchi

Dalle regioni d'Italia

partenza, luci, ombre e nostalgia

New York   Ottawa   Toronto

Canadian Cataloguing in Publication Data

Main entry under title:

Sbrocchi, Giuseppe A. (Giuseppe Antonio), 1922-
    Dalle regioni d'Italia:
       partenza, luci, ombre e nostalgia

(Creative writing series; 10)
Poems
ISBN 0-921252-77-3

I. Title. II. Series.

PS8587.B76D35 1998   C851   C98-900796-0
PQ5984.S27D35 1998

For further information and for orders:

LEGAS

P. O. Box 040328	68 Kamloops Ave.	2908 Dufferin St.
Brooklyn, New York	Ottawa, Ontario	Toronto, Ontario
11204	K1V 7C9	M6B 3S8

Printed and bound in Canada

L'Italia in rima:

La terza antologia di Padre Sbrocchi

In questa terza antologia del noto poeta italo-canadese, Padre Giuseppe Sbrocchi, si giunge a un punto di arrivo estetico, dove la poesia di questo grande pensatore funge non solo come espressione di una profonda morale etica, ma anche come tramite di una visione altrettanto profonda della condizione umana, visione che Padre Sbrocchi estrae dalle bellezze naturali, storiche, civiche, culturali, e psichiche dell'Italia e degli italiani, ovunque essi si trovino, poiché la "Terra di Dante e Colombo," come egli inzia il suo viaggio poetico del nostro Paese, è la "madre dell'umana civiltà."

Belle parole, belle rime, profondi sentimenti. Chi leggerà queste poesie non potrà che sentirsi mosso, spinto verso una spiritualità latente nella regione più profonda della psiche. Non è il caso in una breve presentazione come questa offrire commenti critici su ciascuna poesia. Lascerò la delizia della sua lettura a ciascuno lettore. Come ho detto riguardo alle altre sue due antologie, la poesia di Padre Sbrocchi è commuovente e divertente allo stesso tempo, evocante immagini di umanità che sono radicate nel nostro spirito. In queste rime ci si trovano lacrime, sorrisi, piccole gioie. Come meglio vivere, se non come ci informa Padre Sbrocchi, e cioè, accettando le cose del mondo secondo la volontà del Signore?

Le rime di quest'antologia, come quelle delle altre, ci conducono a riflettere su tutto ciò che è spirituale, poiché le cose della nostra esperienza acquistano senso solo mediante la spiritualità. Lungo il viaggio poetico dell'Italia che Padre Sbrocchi ci presenta in questo volume, non possiamo che essere commossi dalle sue immagini — immagini di famiglia, di mamme, di bambini innocenti, di fede cristiana, e di amore. Queste poesie sono veri "atti di fantasia" che consentiranno al lettore di trasformare le proprie esperienze inconsce in un sistema di riflessione e ideazione interiore e, quindi, di arricchire la propria vita.

L'ultima poesia di questa raccolta è particolarmente commovente. Chi di noi non ha sentito "intenerirsi il cuore" al momento dell'addio? Chi non ha "pianto nel dolore" quando ha lasciato la propria patria per un mondo sconosciuto, misterioso? E chi non ha sofferto malinconia stringendo al cuore la propria mamma "prima di andar lontano"? Quanto memorabili sono queste parole. Perché? Certamente perché esse colgono i sentimenti più profondi e inconsapevoli che ciascuno di noi possiede in sé.

Lasciare l'Italia è lasciare la mamma, letteralmente e metaforicamente. Tutti noi immigrati siamo, in un certo senso, senza la mamma, chiamata Italia. Ecco perché sentiamo il bisogno di tornare, di stringere la mamma ancora una volta al cuore. Come sentiamo la mancanza della vera mamma, sentiamo la mancanza dell'Italia come "una fiamma ardente" che brucia nel nostro cuore. Quindi, non c'è un vero addio, ma "un arrivederci ancor."

Grazie Padre Sbrocchi per questi pensieri che ci fanno sorridere e piangere allo stesso tempo. Grazie per aver destato in noi i sentimenti più importanti — l'amore e la fede. Non esistono al mondo doni più preziosi.

Grazie.

Marcel Danesi
Università di Torotno

Agli italiani
sparsi per le vie del mondo

Prefazione dell'autore

Il presente volume *Dalle regioni d'Italia: partenza, luci, ombre, nostalgia,* vuole essere un omaggio alla nostra patria lontana: l'Italia.

Molti italiani furono costretti ad emigrare per necessità di lavoro. Si calcola che dopo le due guerre mondiali sono emigrati circa ventisette milioni di italiani. Complessivamente gli italiani all'estero attualmente si aggirano sui 120 milioni.

Le regioni colpite furono un po' tutte, in particolare la Sicilia, la Calabria, la Lucania, la Puglia, il Molise, l'Abruzzo, il Lazio, le Marche, il Veneto, il Trentino-Alto Adige, il Friuli-Venezia Giulia.

Ogni emigrante porta con sé il desiderio di un miglioramento economico, sociale, culturale.

È stato questo raggiunto?

Dando uno sguardo rapido alla città di Toronto dovremmo dire che, generalmente parlando, la risposta è positiva.

Osserviamo un po' da vicino la situazione locale:

1. Ogni emigrante è un sognatore, un lavoratore, un pioniere. Con un lavoro assiduo e talvolta prolungato e con un senso innato di risparmio e un desiderio di progresso, molti nostri connazionali hanno migliorato la loro condizione economica e indirettamente quella provinciale e nazionale del Canada.

2. Socialmente gli emigrati, attraverso sacrifici inauditi, con sforzo e buona volontà, si sono inseriti o stanno inserendosi nella nuova patria di adozione, assorbendone, nella maggior parte dei casi, la lingua e i costumi. Benemerito è stato in questo anche il C.O.S.T.I. fondato dall'allora padre Giuseppe Carraro.

3. Culturalmente sono stati fatti molti progressi. La gioventù è stata incoraggiata a frequentare le scuole superiori. Infatti, molti sono i laureati affermatisi nel campo della cultura, della politica, dell'industria e in ogni settore della società canadese.

Con l'insegnamento della lingua italiana nelle scuole cattoliche e nelle università si è conservato lo spirito di italianità per cui i giovani senza perdere la loro identità, si sentono orgogliosi delle proprie origini. Di grande aiuto è stata l'opera di alcuni sacerdoti, dell'Istituto Italiano di Cultura (Francesca Valente), del Consolato, dei programmi radio e televisivi e della stampa. In particolare il *Corriere canadese* (Dan Iannuzzi), *radio CHIN* (Gianni Lombardi), *Telelatino* (Emilio Mascia), *Lo Specchio* (Tagliavini).

Religiosamente gli italiani non sono stati trascurati. Vi fu una certa difficoltà iniziale. Negli anni tra il '50 ed il '60 arrivarono a Toronto dall'Italia oltre quattrocentomila persone. Il naturale punto di riferimento furono i sacerdoti cattolici italiani il cui numero era molto limitato (eravamo appena cinque diocesani). Per mancanza di locali adatti si cominciò a dare l'assistenza nei "basamenti" delle chiese. Furono anni di estrema necessità, di incomprensione e di difficoltà.

Da Roma cominciarono ad affluire sacerdoti in numero discreto. Attivi furono e sono ancora alcuni Istituti religiosi: *Francescani, Servi di Maria, Missionari del Preziosissimo Sangue, Figli dell'Immacolata Concezione, Oblati di Maria Immacolata, Comboniani, Missionari della Consolata, Ardorini* ed in particolare gli *Scalabriniani* (fondato dal beato Giovan Battista Scalabrini per assistere gli italiani all'estero). L'archidiocesi di Toronto, inizialmente impreparata ad accogliere un flusso così numeroso, non solo dall'Italia ma da tante parti del mondo, dopo le prime incertezze, aprì le porte delle chiese e quelle del cuore ai nuovi membri della chiesa locale.

Furono costruite nuove chiese, organizzate scuole cattoliche, incoraggiate le famiglie, apertamente, ad iscrivere i loro figli alle scuole "separate". Il numero degli studenti, nel giro di quattro anni, da 54000 passò a 112000. In campo religioso non sono mancate, anche se poche, vocazioni al sacerdozio.

Nella esposizione di questo volume sarà presentata:

1. Una introduzione delle regioni come componenti di un quadro artistico   dell'Italia;

2. Città del Vaticano e l'achidiocesi di Toronto;

3. Delle regioni sono presentati degli aspetti, non necessariamente i più rilevanti, ma tali da potersi facilmente ricordare; inoltre sono messi in evidenza alcuni sacerdoti e laici che, secondo me, si sono distinti.

L'Italia è una, indivisibile. Che cosa chiediamo noi emigrati? Che la nostra patria sia unita, sempre "una d'armi di lingua e d'altare / di memoria di sangue e di cuor".

Vogliamo essere orgogliosi delle nostre origini, della nostra cultura storica, artistica, letteraria, religiosa. Vogliamo pensare alla nostra Italia come ad una mamma piena di dignità e di rispetto. Intendiamo inculcare nella mente e nel cuore della nostra gioventù l'amore, la gioia, l'orgoglio di essere e di sentirsi italiani.

Spero che questo volume possa portare un piccolo contributo a questo nobile e grande ideale.

Colosseo

Sotto un cielo d'azzurro infinito

Sotto un cielo d'azzurro infinito,
inondata dal sole splendente,
c'è l'Italia, paese ridente,
pien di vita, di fede e d'ardor.

    Alte cime coperte di nevi,
    verdi prati screziati di fiori,
    ruscelletti d'argento canori,
    son sorriso di Dio quaggiù.

        Italia del cuore sei tu,
        la vita, la speme e l'amor,
        lontan se vado io da te,
        giammai ti scorderò.
            Italia la culla sei tu,
            dell'ingegno, dell'arte e il lavor,
            sei tu madre nella storia,
            dell'umana civiltà.

Panorami attraenti ed ameni,
personaggi di fulgida gloria,
mille imprese passate alla storia,
son grandezze del suolo natal.

    Nella terra di Dante e Colombo,
    o nel mondo per nuovo lavoro,
    cara Italia, saremo il decoro,
    dei tuoi figli saremo l'onor.

        Italia del cuore sei tu,
        la vita, la speme e l'amor,
        lontan se vado io da te,
        giammai ti scorderò.
            Italia la culla sei tu,
            dell'ingegno, dell'arte e il lavor,
            sei tu madre nella storia,
            dell'umana civiltà.

Dall'Italia
Sintesi delle regioni

Da Roma il *Papa* assiste gli emigranti
coi missionari che vanno lontano;
anche l'archidiocesi a *Toronto*
porge la mano insieme al *Vaticano.*

     I *Valdostani* amano la patria
     coi suoi ghiacciai eterni, scintillanti;
     lontano essi non vanno da quel nido
     viaggian sì ma non sono emigranti.

I *Piemontesi* sono vincolati
al suolo patrio antico universale
un contributo danno alle missioni
con uomini e con mezzi originale.

     Liguria, terra degli scopritori,
     con le riviere e Genova regina
     audace e ardita un giorno sopra i mari
     la gente vuol tenere a se vicina.

La *Lombardia,* nobile signora,
non vuole il popol suo partire invano;
son pochi: i Tagliabue di Brianza,
il Caccia e il Tagliavini da Milano.

     E dal *Trentino,* terra di montagne,
     nel dopoguerra gente ne è partita;
     porta nel cuor nostalgico un ricordo
     pronta ad osare a migliorar la vita.

Il *Veneto* è geloso di sua gente;
tributo ha dato al mondo canadese,
vi son tra gli emigrati i sacerdoti;
occasionalmente tornano al paese.

Il *friulano* è libero deciso
invade il mondo in cerca di lavoro,
riporta a casa sempre con piacere
il frutto del sudore come l'oro.

Con sacrificio grande e pianto in cuore
avanza il *Giulian* con amarezza;
nostalgico ripensa al proprio suolo
soffrendo solitario con tristezza.

L'*Emilia-Romagna* è molto fiera:
partir non vuol vedere gli emiliani:
aiuto, col Beato Scalabrini,
offerto è agli emigranti italiani.

Il *marchigiano* è ardito, silenzioso
con gioia ogni disagio d'emigrato
affronta, fa progressi e poi s'adombra
sognando il paesello che ha lasciato.

Dalla *Toscana* dotta molto pochi
son gli emigrati qui: sono lucchesi,
eccelle come un'aquila su tutti
Marcello, illustre professor Danesi.

E l'*Umbria* resta chiusa come il cuore
i baci "perugin" manda lontano
divino è il suo prodotto nella vita
col suo sapore tutto francescano.

Dal *Lazio, Ciociaria, Frosinone,*
portano al mondo civiltà romana
quegli emigrati semplici ma forti,
la patria hanno nel cuore italiana.

L'*Abruzzo,* terra nobile e gentile,
ha visto i figli suoi soffrir partendo,
nell'ansietà d'un migliorar fecondo
tutto era gioia e il volto sorridendo.

E dal *Molise,* terra un po' pietrosa,
un esodo c'è stato d'emigranti;
scintille luminose eran negli occhi
e il cuore traboccante era di canti.

La gente di *Campania* del suo mare,
del sole, del suo ciel sempre felice,
a Napoli è rimasta e nei paesi
con musica leggera ammaliatrice.

La *Puglia* un giorno anch'essa fu colpita
dal gran miraggio in terra americana;
chi può contare quanti sono i pugliesi
partiti per l'America lontana?

Lucania, terra secca, con Matera,
Potenza, da villaggi e da paesi
vide emigrare il popolo migliore
fiorir nelle contrade canadesi.

Dalla *Calabria,* la region provata,
a cento, a mille, i figli son partiti;
son numerosi e spesso son tornati
con sentimenti grati ed infiniti.

Sicilia, d'emigranti essa è la fonte,
non vi è città, villaggio oppur paese,
che col lavoro assiduo ma duro
non faccia onore al mondo canadese.

Sappiam che la *Sardegna* dal suo suolo
il popolo partir non vuol vedere;
come una mamma in mezzo alla marina
presso di sé sempre lo vuol tenere.

Speranza e gioie e ansietà di un bene
vicino oppur lontano nel futuro,
struggeva il cuor di tutti gli emigranti
per sicurezza ed avvenir sicuro.

Partenza - Arrivo

Venivan dall'Italia un po' confusi
a mille, in tanti, numerosi, a schiera;
portavano la mente pien di sogni
e formulando in cuore una preghiera.

Come bagaglio c'era una valigia
vuota ma ricca solo di cambiali;
cercavan un lavoro e una casetta
pei rigidi rigori qui invernali.

C'era timore, grande diffidenza,
la lingua sconosciuta o malsicura
regnava un'atmosfera d'incertezza
e in molti casi un senso di paura.

Punto di referenza era la chiesa
un prete che parlasse l'italiano;
anche pel sacerdote era un problema:
da poco era venuto da lontano.

La chiesa era gremita di fedeli
raccolti in quegli oscuri "basamenti";
pastori ed emigrati ivi raccolti
d'essere uniti insieme eran contenti.

Iddio sol conosce l'amarezza
le sofferenze chiuse, strette al cuore;
il tempo via è volato come il vento
e tutto è rifiorito come un fiore.

Si pensa ancora e spesso al paesello,
alla casetta, ai monti, ai campi avari,
al cumulo d'affetti, alla chiesetta,
al cimitero con i propri cari.

L'italiche regioni qui proposte
aiuto posson dare con certezza:
sprazzi di luce limpida alla mente,
e al cuor frescura dolce come brezza.

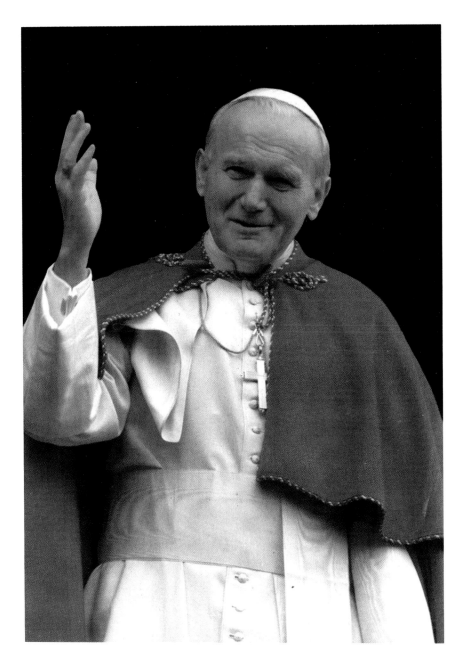

S.S. Giovanni Paolo II

Cristo in terra

Come un'aquila o Cristo, qui in terra,
voli o padre ai tuoi figli lontani;
con lo sguardo proteso nel cielo,
con le braccia allargate e le mani.

Sono gli occhi di pianto velati,
per l'umano crudele dolore,
un dolor che rimbalza e si infrange,
nel paterno ed affranto tuo cuore.

Il tuo cuore è di Cristo straziato:
esso è un calice pieno che sale
all'Eterno di speme e di amore,
pace implora e la forza morale.

Straripante, impetuoso e crudele,
come viscido astuto serpente,
il nemico satanico avanza,
contro Cristo e la povera gente.

Padre Santo, nel duro lavoro,
non sei solo, di Cristo hai il manto,
con la prece il dolore fiorire,
tu farai il sorriso dal pianto.

Vaticano

La piccola città del Vaticano,
è tra i minuti stati della terra;
deriva il nome suo da quel colle
dove Nerone a Cristo fece guerra.

L'importanza di questo staterello,
non sta nell'estensione materiale;
ma nel potere immenso dello Spirito
di Cristo Re, divino, universale.

La sede essa è del dolce Cristo in terra;
del Papa successor del primo Piero,
il sangue fu versato dei Cristiani,
su questo colle, al tempo dell'impero.

A questo faro eterno ed immortale,
guarda l'umanità triste e smarrita;
guardano i figli tutti della Chiesa,
in cerca della pace, della vita.

La Piazza di San Pietro e la Basilica,
son della cittadella vaticana,
l'immenso colonnato, in un amplesso,
abbraccia, e stringe la famiglia umana.

Roma cristiana

L'Apostolo San Pietro, il primo papa,
Vicario di Gesù, qui sulla terra,
a Roma portò Cristo, come luce
di verità, che Roma ancor rinserra.

   Con Pietro si formarono dei gruppi;
   nacquero i forti nuclei cristiani;
   in mezzo a tanta gente nell'oscuro,
   fedeli, i primi, furono i Romani.

Scoppiò feroce la nascente Chiesa,
lotta cruenta vide, atti inumani,
la gente si nascose in catacombe,
lontano dagli sguardi dei pagani.

   Perseguitò San Pietro e la sua chiesa,
   Nerone, quel crudele imperatore,
   di vittime innocenti versò il sangue,
   i capi uccise bieco di furore.

San Pietro fu colpito da Nerone,
capo all'ingiù, sul colle Vaticano:
fu crocifisso, vittima suprema,
quel luogo, quel giardin, fu poi cristiano.

   Dove San Pietro allor fu crocifisso,
   sorge una chiesa, ricca di splendore,
   è sede del Papato, il Cristo in terra,
   di Pietro il successore nell'amore.

Missione e fede

Sulle soglie del terzo millennio,
Cristo invita con nuovo vigore:
"Alle genti portate la luce,
il messaggio di Fede e d'Amore".

> La Missione è un problema di fede,
> della Fede nel Cristo Signore,
> che del mondo raggiunge i confini,
> la salvezza essa porta nel cuore.

Più la Fede è robusta, profonda,
più il donarla è impellente s'impone;
portar Cristo nel mondo alle genti,
santa e grande è divina missione.

> Nell'annunzio gioioso del Cristo,
> riscopriamo nel nostro cammino,
> quella forza che il mondo disprezza,
> che la Fede è un gran dono divino.

Ogni membro del popol di Dio,
missionario è per legge e natura,
testimone del Verbo divino,
per la vita presente e futura.

> Se la pratica rende perfetti,
> scienza e fede, nel bacio d'amore,
> praticando, donando la Fede,
> riscopriamo la nostra missione.

Sua Eminenza Aloisio Carinale Ambrosic
Arcivescovo di Toronto

A S.E. Aloisio Cardinal Ambrosic
Arcivescovo di Toronto

O principe eminente di Toronto,
di cuore e mente aperto, universale
dal dolce Cristo in terra proclamato
di Santa Madre Chiesa Cardinale.

> Il popolo di Dio a te affidato
> gode con te, pastor, dell'alto onore
> di grazie eleva un cantico sincero
> a Dio uno e trino eterno amore.

Il Cristo Sacerdote l'Uomo Dio
ti scelse dal paese tuo lontano,
nel mondo t'ha guidato tra le genti
fino alla vetta, al colle Vaticano.

> La base luminosa è la preghiera,
> la vita traboccante di cultura,
> l'ardente sintonia con il Papa
> all'alta dignità son via sicura.

Non mancano e non mancheranno spine;
trafitto sarà il tuo paterno cuore;
nell'ore tristi della nostra Chiesa
la verità trionfa sull'errore.

> Nocchier di nave in mezzo alla tempesta,
> col Papa, di San Pietro successore,
> novello cardinal tu nella Chiesa
> di luce sei splendor di fede e amore.

Scuola cattolica

La chiesa dell'Ontario, canadese,
cattolica, s'intende, con il papa;
agli studenti qui d'ogni paese,
offre una scuola pien di verità.

> Per gli immigranti giunti, era d'urgenza,
> la scuola provveder pei figli cari;
> per loro la divina Provvidenza,
> spianò, materna, ogni difficoltà.

La santa madre chiesa del Signore,
ebbe il mandato d'istruir le genti;
la legge far conoscer del suo amore,
nell'universo in tutti i continenti.

> La chiesa dell'Ontario, con la scuola,
> offre ai suoi figli il pane della vita;
> con la dottrina e con la sua parola,
> del cibo porge verità infinita.

La scuola "separata" è meraviglia;
maestri e genitori con la chiesa,
uniti sono, come una famiglia,
per la cultura insieme e la preghiera.

> Ogni emigrato qui d'ogni paese,
> trova la scuola adatta per i figli;
> la nostra chiesa, in terra canadese,
> è guida e luce dell'umanità.

Inno ufficiale della scuola cattolica

Primavera della vita
come fiori in un'aiuola
dalla casa e dalla scuola
siam guidati con amor.
    Tutti insieme illuminati
    gli studenti e i professori
    le famiglie e i direttori
    dalla dottrina siamo di Gesù.

    Rit. Con il Papa e con la Chiesa
        con l'esempio e la parola
        proclamiamo della scuola
        la cultura e verità.
            Tutti uniti noi formiamo
            una scuol con differenza
            il binomio fede e scienza
            è cristiana civiltà.

Alterniamo nel lavoro
allo studio la preghiera
respiriamo l'atmosfera
ricca di serenità.
    Nel progresso della scienza
    questa scuola come stella
    tutti in Cristo ci affratella
    d'ogni colore, razza e civiltà.

Genitori, scuola e chiesa
tutti uniti a noi studenti
sviluppiamo quei talenti
luce dell'umanità.
    Personalità gentile
    responsabile e sicura
    cittadini di cultura
    l'orgoglio siamo noi del Canada.

Radio Maria

Radio Maria, quale grande evento,
la Chiesa porta in casa alla famiglia;
ci parla del Signore ogni momento,
ci segue, è una divina meraviglia.

Radio Maria invita alla preghiera;
al canto intreccia il pane della vita;
con la parola semplice e sincera,
la pace porta in cuor, gioia infinita.

Quel bel Rosario santo di Maria,
è come il filo d'or che lega il cuore;
s'ascolta, recitato, è un'armonia,
trascina, ti solleva nel dolore.

La legge, sbriciolata ed ammannita,
t'accende in cuor la fiamma dell'amore;
la fede accresce, forte, ardente, ardita,
ti porta con Maria al buon Signore.

Il santo sacrificio dell'altare,
a noi trasmesso presto ogni mattino,
ci porge un cibo sano, salutare,
ci dona sicurezza nel cammino.

La radio di Maria, in ogni cuore,
rafforza fede, speme e carità;
il regno essa diffonde del Signore,
apportatrice è di felicità.

La nostra chiesa

Lo spirito ci parla della chiesa,
del santuario della verità;
è cattedrale di celeste luce,
guida suprema dell'umanità.

Chi della nostra chiesa ancor diffida,
è cosa certa, mai l'ha conosciuta;
a lei soltanto Cristo ha consegnato,
il gran tesor del mondo, un dì perduto.

"Nell'universo intero, il mio vangelo,
portate ed insegnate con premura;
salvate, date gioia e tanta pace,
nel cuore affranto d'ogni creatura.

Vi manderò lo Spirito divino,
che vi darà conforto nel dolore;
ricorderà ciò che dovete dire,
con gran chiarezza, fede, speme e amore".

Di Cristo è la parola della chiesa;
lo Spirito di luce ne è il suo cuore;
quando la chiesa parla ai suoi fedeli,
lo Spirito è che parla con vigore.

Quando poi si condanna qualche errore,
quando la chiesa insegna da maestra,
quando istruisce, è sempre il santo Spirito,
che guida e che condanna ed ammaestra.

Essere fedeli a Cristo ed alla chiesa,
vuol dire camminare nella luce;
accogliere il messaggio tutto intero,
sicura pace è aver che al ciel conduce.

Ghiacciaio "Mar di ghiaccio" presso Chamonix,
una delle mete tradizionali nel passaggio del Monte Bianco

Valle d'Aosta

Valle d'Aosta, piccola regione,
richiamo è per la mente d'alti monti,
di valli e di ghiacciai immensi, eterni,
svettanti in tersi e limpidi orizzonti.

Quale vallata al mondo può vantare
una corona di massicci alpini?
Son noti agli alpinisti, al mondo intero,
quegli imponenti picchi al sol divini.

La Val d'Aosta è cinta d'un anello
ininterrotto e vario di montagne;
dell'Alpi c'è il gigante monte Bianco
ed altre cime son bianche compagne.

In linea con il Bianco vi è il secondo,
dei monti per altezza valdostani,
è il monte Rosa, ardito ed ammantato
di nevi e ostile agli elementi umani.

Tra il Bianco e il Rosa, solo ed elegante,
appar distinto il picco del Cervino;
dai suoi pendii ripidi la neve
scorre alle valli lungo il suo cammino.

E sul Massiccio del Gran Paradiso,
tu vedi picchi altissimi e ghiacciai;
dell'ardua Grivola, alta splendente,
visioni tu non scorderai giammai.

Come pianura son gli allargamenti
del fondovalle, esteso, generoso;
castelli medievali ancor fiorenti,
volgon dai monti il guardo premuroso.

La Val d'Aosta è civiltà romana;
ha strade consolari e monumenti;
è piccola regione, varia e grande;
che sfida le tempeste e i forti venti.

29

San Bernardo

Mentone di Savoia fu la culla
di San Bernardo, eroe valdostano,
unì l'amor divino a quello umano,
sui monti tanta gente egli salvò.

Erano tempi tristi per la fede,
prima del mille tempi d'eresia;
Bernardo predicò, segnò la via,
delle supreme eterne verità.

Pietà sentì dei poveri viandanti,
che attraversando la catena alpina,
sorpresi da tormenta, la rovina,
potean facilmente là trovare.

Sugli aspri monti in terra valdostana,
tra le valanghe ed il soffiar dei venti,
Bernardo vi fondò due conventi
per il soccorso dell'umanità.

Eran d'aiuto i suoi famosi cani
forniti di fiaschetti d'acquavite;
questi animali per le vette ardite
correvan con premura ed ansietà.

Il Piccolo ed il Grande san Bernardo
portano il nome del benefattore;
e i cani ormai famosi in tutto il mondo,
richiamo son di questa carità.

Fedeltà religiosa

Nella rivolta audace, protestante,
il mondo cristiano fu sconvolto;
nel nome di Gesù sangue innocente,
versato fu con rara crudeltà.

Lutero, Enrico Ottavo, anche Calvino,
politica confuser con la Chiesa;
l'istinto umano fecero divino,
fregiandosi della divinità.

Senza la guida e l'unico pastore,
la cristianità s'è frazionata;
ognun quell'eresia si fa onore,
di propagare nell'umanità.

Tra i tanti eresiarchi fu Calvino,
che combattè la chiesa con furore;
distruggere tentò, come assassino,
in Val d'Aosta la tranquillità.

Matteo di Lostan propose allora,
di preservar la Fede a mano armata;
Calvino e suoi seguaci di buon ora,
lasciarono la zona valdostana.

La Val d'Aosta ancor l'avvenimento,
festeggia con solenni processioni;
con l'Angelus ricorda il grande evento,
come del Ciel divina protezione.

Leggenda valdostana

Viveva in Val d'Aosta un poverello
cercando, era un po' tocco, il paradiso;
pagava il suo biglietto un poco al giorno,
un pane mendicando ed un sorriso.

    Tutto cencioso e morto per la fame,
    giunse alla porta amica d'un convento;
    balsamica era l'aria delle vette,
    era carezza l'alito del vento.

Il frate portinaio lo introdusse
davanti ad una mensa ancor fumante;
v'era una minestrina saporita
che il vecchio divorò seduta stante.

    Un'altra minestrina gli fu offerta,
    e poi un'altra, alfine un'altra ancora.
    Credeva il paradiso aver trovato
    in quel convento amico ed in quell'ora.

I frati in ristrettezze ognuno a turno,
privavansi ogni giorno nel convento,
di quella minestrina con amore,
per far quel poverello più contento.

    Il vecchio con la ciotola di brodo,
    uscì per caso fuori nel giardino;
    l'antico Crocifisso, ossuto e pallido,
    pendeva dalla Croce là vicino.

Appen lo vide il vecchio ne ebbe pena,
di scender lo invitò da quella Croce;
gli offrì la sua minestra con piacere,
e poi gli disse con un fil di voce:

"Gesù per un soldino, il paradiso
su questa terra o Cristo Tu mi hai dato;
e per la minestrina saporita
che cosa mi darai Signore amato?"

"Ti porterò domani alla mia mensa",
Gesù rispose a lui con un sorriso;
e gli angeli portarono il vecchietto
sull'alte vette del Gran Paradiso".

Mole   Antonelliana

Piemonte

Il Piemonte è la regione
che dell'Alpi è nell'amplesso;
non lambita da alcun mare,
l'avanguardia è del progresso.

Il Piemonte, forza ardita,
fu del gran Risorgimento;
d'un'Italia forte, unita,
del suo sogno fu l'evento.

Con cosciente disciplina
la sua propria indipendenza,
col coraggio dei suoi capi
conservò come l'essenza.

Son da secoli, tanti anni,
con l'esempio e la parola,
il Piemonte agli Italiani
del progresso ha fatto scuola.

Con i suoi stabilimenti
sempre aperto alla cultura,
fu progresso in ogni campo,
anche nell'agricoltura.

Come perla incastonata,
la regione piemontese,
nel diadema dell'Italia,
gloria resta del paese.

La regione piemontese

La regione Piemonte ha tra i figli,
patrioti gran santi ed artisti;
gente d'armi di fede e di scienza;
letterati, industriali e statisti.

C'è l' Alfieri, il Gozzan, l'Antonelli
sono parte di lunga una scia,
il Perosi che allieta il Piemonte,
l'universo di santa armonia.

Pio Quinto di Rocca Marengo,
Papa accorto, divino ed umano,
l'Europa, la chiesa ed il mondo,
dal periglio salvò musulmano.

Borromeo san Carlo, d'Arona,
di Milano, zelante pastore,
in un tempo di grande eresia,
fu prodigio d'immenso fervore.

San Giuseppe di Bra, Cottolengo,
quinta essenza d'amore divino,
con la piccola casa ai malati,
offre al mondo di Dio un giardino.

In famiglia, due santi colossi,
il nipote, Beato Allamano,
san Giuseppe, lo zio Cafasso,
son conforto del genere umano.

Cosa dire di Don Orione?
D'Alberione il gran fondatore?
Del Massaia e del san Murialdo?
del Piemonte son santi, l'onore.

Sulla santa montagna nel cielo,
della terra, all'estremo orizzonte,
coi suoi figli Don Bosco si staglia
porta Cristo, l'Italia e il Piemonte.

Vercelli

Vercelli, antica celtica fortezza,
venne fondata ancor prima di Roma;
là Mario, con intrepida fermezza,
dei Cimbri la baldanza debellò.

    Faro di luce fu di fede ardente,
    col vescovo Eusebio, suo patrono,
    il dono del Vangel portò alla gente,
    ed il Piemonte a Cristo conquistò.

Vercelli religiosa, la cultura
diffuse sopra i monti e nelle valli;
con l'università, dalla pianura
irradiò la cristianità.

    L'artistica basilica è un gioiello;
    nella città troneggia sant'Andrea.
    Si fondono gli stili in un modello,
    armonico, per l'arte e la pietà.

Oropa è l'espressione di dolcezza;
dell'Alpi è il Vaticano in miniatura;
sposati son decoro e la grandezza,
vi regna pace, amor semplicità.

    Risaie immense ove si specchia il cielo,
    i monti e i colli e strada subalpina,
    storiche imprese ascose son da un velo:
    son di Vercelli un'armonia divina.

Susa antica città romana

Quanti ricordi nell'antica Susa!
Quante memorie vi son conservate;
Nella romana Susa son racchiuse
gioie e dolori della storia umana.

La sentinella delle "porte alpine",
Susa, la chiave fu d'Italia nostra;
è nella così detta "Val dei Passi"
come la geografia lo dimostra.

Dal Monginevro e Moncenisio, Susa,
scender vide un dì il Cartaginese,
i Galli, i Saraceni ed altri popoli,
diretti alla conquista del Paese.

Del leggendario re, caro ai Romani,
Cozio, resta in Susa un monumento:
è l'Arco di trionfo d'Augusto
che sfida il tempo ed ogni umano evento.

C'è poi la cattedrale di San Giusto,
un'opera di fede nel Signore;
massiccio sorge a fianco il campanile,
Dell'Evo Medio, espression d'amore.

Tra i tanti del Piemonte è un gran modello,
Susa, di patriottismo e grande fede:
il popol piemontese è intelligente
gente di coerenza, perché crede.

Fragore delle acque

La regione piemontese,
d'ogni lato è circondata
d'alti monti e da ghiacciai,
che la rendon fortunata.

Molto chiaro, è naturale,
vi son fiumi in abbondanza,
che a raggiera vanno a valle
come navi da paranza.

Questi fiumi, in maggioranza,
son più ricchi nell'estate;
nell'inverno, più tranquille,
l'acque son meno agitate.

Nell'inverno, molta neve
vien sui monti accumulata;
nell'estate essa si scioglie
corre ai fiumi in cavalcata.

Gli alti monti risuonanti,
con festevole armonie,
vanno al Po, svelti, scroscianti,
mille senti melodie.

Nasce ai fianchi del Monviso,
prende i fiumi dall'altura,
porta, il Po, col suo sorriso
la ricchezza alla pianura.

Missionari della Consolata

I missionari della Consolata,
moderni son gli araldi del vangelo;
nel mondo la Madonna Immacolata,
col papa portator son di Gesù.

Giuseppe fu, Allamano, il fondatore,
ora beato della santa chiesa;
d'un santuario grande fu rettore,
di luce chiara, arcana egli brillò.

D'esser nipote, amico, emulatore
d'un santo ebbe il beato la fortuna;
in gioventù, Don Bosco educatore,
nel campo della scuola lo guidò.

Fra l'opere molteplici di bene
fondate oppur promosse o sostenute,
le principali, in mezzo a tante pene,
son gli istituti che egli un dì fondò.

La luce come il bene è diffusivo,
la santità sincera è contagiosa;
tra santi l'Allamano, un santo vivo,
di santi immensa schiera egli formò.

Le figlie e i figli della Consolata,
come api industriose sulla terra,
organizzati son come un'armata,
il regno per diffonder del Signore.

Anche in Toronto abbiamo i messaggeri,
con altri padri anche il padre Cialini;
son come gli alpinisti, i pionieri,
d'una perenne eterna civiltà.

Famiglia paolina

Tra sconfinate groppe e tra crinali,
delle colline Langhe piemontesi,
in Alba, in mezzo ai colli, profumati,
venne alla luce un faro della chiesa.

San Paolo, l'apostol delle genti,
il gran modello fu d'Alberione;
la luce del vangelo ai continenti
portare con la spada dell'amore.

Don Giacomo Alberione fu un vulcano
d'idee d'energie e di lavoro
i "mass-media" usò come strumenti
con figli e figlie in giovanile ardore.

La Società San Paolo fu prima;
nacquero poi le Figlie Paoline,
le Pie Discepole e le Pastorelle,
le Apostoline con le Annunziatine.

Figli nacquero ancor nella famiglia.
dal cuore di quel santo fondatore;
Ognuno con mansioni ben precise
nel vasto eterno regno dell'amore.

Chi è questa famiglia paolina?
È un grappolo di perle, di candore:
com'api industriose portan miele,
nel mondo, sale e luce del Signore.

Il padre Alberione, su dal cielo,
protegge e prega per la sua famiglia;
San Paolo difende col suo zelo,
questo virgulto fior di meraviglia.

Don Evasio Pollo

Nella storica zona di Vercelli,
della regione antica, piemontese,
nascesti, don Evasio e gli anni belli
vivesti, coi tuoi cari, al tuo paese.

Di fede ardente, culla, la famiglia,
la pieve, col suo mistico fervore,
un clima di profonda meraviglia,
crearono divino nel tuo cuore.

Silente ti rivolse il dolce invito,
Gesù con grande, penetrante amore;
tu l'ascoltasti pronto, forte, ardito,
ministro diventasti del Signore.

Partisti cappellano del lavoro,
nel Belgio, dalla casa tua lontano;
di Cristo portator del gran tesoro
con Monsignore Annibale Facchiano.

Solcasti i mari e valicasti i monti,
nel Canada portasti il gran messaggio:
si schiusero per te nuovi orizzonti,
fu il tuo lavoro, o Padre, acqua di maggio.

Organizzasti chiese nuove, scuole,
la "radio" e la "parola" la tua voce,
nelle famiglie portan, come il sole,
di Cristo il gran messaggio della Croce.

Che cosa dire della liturgia?
Di giovanili cori la presenza,
porta decoro, fede ed armonia,
l'amore accresce per la Provvidenza.

Del clero nostro e di Vercelli gloria,
non t'aspettar riconoscenze e onore;
del tuo lavoro, Evasio, nella storia,
la gloria immensa è quella del Signore.

Costa di Riomaggiore con la famosa "Via dell'Amore"

La Liguria

Questa regione è come un fazzoletto,
che unisce cielo e terra, monti e mare;
cantieri risonanti, verdi colli,
nell'armonia che ti fa incantare.

Vedi selvagge valli, profumate,
punte scogliose e nude d'aspre cime;
città con borghi ameni rinomati,
visioni dolci d'armonia sublime.

Esile e lunga striscia è la Liguria,
terra montuosa che si specchia in mare;
è come un arco sopra il mare azzurro
che prepotente invita a navigare.

È una costiera fascia coltivata,
come un enorme parco tra giardini;
vi trovi accanto ai fiori un bosco fitto,
e paeselli da sogni divini.

Accanto al paesello, ancor vicino,
caverne e grotte fatte da natura,
vedi un cantiere, un centro industriale,
in basso, quasi in ogni insenatura.

È questa la Liguria, ma non tutto,
essa vuol dir lavoro e fantasia;
Liguria vuol dir Fede in Dio e amore,
intelligente sforzo e poesia.

Genova

Sprizzante intorno fremiti di vita,
rumoreggiante Genova t'appare;
dall'alto dei suoi colli l'infinita
grandezza puoi gustare, contemplare.

Nei suoi tramonti d'oro a primavera,
o nel nebbioso velo autunnale,
in quell'arcato incanto di riviera,
Genova vedi splendida, regale.

Dei tetti, come un vasto mareggiare,
nello scenario della sua campagna,
Genova è chiusa tra l'azzurro mare
e il verde cupo della sua montagna.

Mite essa guarda placida e tranquilla
nella cornice di zaffiro e cielo;
brillar tu noti i segni di balilla
sotto l'incanto mistico d'un velo.

Sembra un paese nato senza guerra,
invece è sorto in una lotta dura;
nella fatica assidua con la terra,
di mine e di piccon con l'avventura.

Anche se la città così adagiata,
alpestre vita aver potrà sembrare,
tutta l'attività viene espletata
in quel vitale largo e azzurro mare.

L'azione del mare

Il mare cambia il volto della spiaggia,
svolge un lavoro lento ma sicuro;
corrode qui, là mangia, senza sosta,
costantemente al sole ed all'oscuro.

    Tritura, non ha pace, è sempre in moto,
    anche quando è tranquillo e tutto azzurro;
    azzurro come il cielo di cobalto,
    al trepidar dell'onde col sussurro.

E quando i fiumi pieni di terriccio,
strappato su dai colli vanno al mare,
il mare tutto accoglie e poi frantuma,
disperde in fondo al cuor dell'acque chiare.

    Le valli, quando giungono alla riva,
    lambite dall'eterna corrosione,
    col tempo, con pazienza di millenni,
    meravigliose grotte il mar compone.

Sulla costiera ligure ad esempio,
vi sono grotte azzurre come il cielo,
l'artista più provetto e dedicato,
formare non potrebbe col suo zelo.

    Commuove a volte entrare con la barca,
    col mare calmo in una delle grotte;
    l'antro odoroso, ricco di salsedine,
    e varietà di pesci vedi a frotte.

Verdastri noti tu tanti riflessi,
e lo sciacquio dell'onde che s'infrange;
nel gran silenzio l'eco si confonde,
e di sentir ti par gente che piange.

    Il mare, i fiumi, i colli con le valli,
    uniti dei millenni nella sera,
    lavorano per render più atraente,
    nel mondo questa ligure riviera.

Fiori delle riviere

A cento, a mille, gli ettari di terra,
nella Liguria coltivati a fiori;
cullati son dal vento, dalla brezza,
di tanti fanno sfoggia di colori.

Vi son rose vermiglie profumate,
garofani, giacinti un po' carnosi;
cento altri tipi vedi là di fiori,
senti i profumi intensi spesso ascosi.

La specie d'ogni fior con le sue tinte,
porta una nota semplice squillante;
è delicata, dolcemente e morbida:
il prato di quei fiori è affascinante.

Vi son nella Riviera di Ponente,
migliaia di persone addette ai fiori;
e chi direttamente non è involto,
interessanti assolva altri lavori.

Si fabbricano ceste d'imballaggio,
spedita è questa buona mercanzia;
che porterà il colore ed il profumo
della Liguria eterna poesia.

Nostalgia ligure

Partendo, lascio volentieri il cuore,
sulle spiaggette amene di paese;
nell'angolo, ricordo, un pescatore
gli attrezzi della pesca rammentare.

Le famigliole erigono una tenda,
bianca, curata come una cabina;
non c'è stabilimento, lo si intenda,
un clima regna di semplicità.

Non c'è tra villeggianti e pescatori,
divisione alcuna su quel lido;
sono tutti veri amici, son signori,
godendo il sole con l'azzurro mare.

E l'uomo dei gelati poi non manca,
con la carretta tra le barche a secco;
la gente è lieta, compra e non si stanca,
su quella spiaggia pien d'umanità.

Delle città i ragazzi son presenti,
giocando nella rena tutto il giorno;
e dei paesi i bimbi son contenti,
di stare insieme a quelli di città.

Nostalgico ho lasciato là il mio cuore,
su quella spiaggia come una fazzoletto;
quella riviera ricca di splendore,
eternamente porterò con me.

La Madonna nera di Sori (Genova)

C'era una volta, in tempo non lontano,
valente un capitano di marina;
Stagno era il nome, era un lupo di mare:
aveva nel suo cuor come una spina.

    La figlia tanto amata ed aspettata,
    era venuta al mondo sorda e muta;
    il capitano Stagno era smarrito,
    la pace di famiglia era perduta.

Un giorno mentre stava in Oriente,
gli offrirono una immagine preziosa;
era una Madonnina dolce, nera:
la Mamma di Gesù miracolosa.

    Pensò a sua figlia il duro capitano,
    non era un baciapile, ma credeva;
    quando la bimba vide la Madonna,
    parlò e tutto all'intorno, sorrideva.

La fama del miracolo avvenuto,
volò coll'ali bianche dell'amore;
a Sori nacque un santuario caro,
caldo, accogliente e lindo come un fiore.

    Un giorno a Sori vennero dal mare
    a bordo delle fuste, dei pirati;
    rubarono ogni cosa, anche l'immagine
    della Madonna, cara ai figli amati.

Ma dopo la partenza una tempesta,
sconvolse dal profondo il vasto mare;
allora quei pirati impauriti,
si voller del bottino liberare.

    Spinta dall'onde, a casa fe' ritorno,
    l'immagine della Madonna nera;
    con giubilo fu accolta nella chiesa,
    tra supliche e sospiri di preghiera.

Lago di Garda e Salò dalle rovine della villa di Catullo

Lombardia

La Lombardia è terra benedetta,
è dell'Italia il centro propulsore;
fornita l'ha il Signore d'ogni dono:
e dell'economia anima e cuore.

    E quando si diceva "Lombardia",
    nel mondo s'intendeva "l'italiano";
    raggiunta l'unità della nazione,
    la Lombardia è ancora in primo piano.

Questa regione è scala degradante,
dalle nevose vette zone alpine;
alle prealpi scende, al Resegone,
ai piè dei monti arriva, alle colline.

    Dalla presenza delle risorgive,
    divisa è in alta e bassa la pianura,
    quell'alta è poco fertile variante
    la bassa invece è tutta fioritura.

Tra le colline, quelle di Brianza,
del Varesotto e ancor quelle del Garda,
unite al panorama dell'Iseo,
stupenda fanno la zona lombarda.

    Dalla corona dei ghiacciai eterni,
    scende alle valli l'acqua chiara e pura;
    forma laghetti alpini fiumi e laghi,
    ferace rende la vasta pianura.

Solcata da canali, rogge e fiumi,
dell'uomo con l'ingegno ed il lavoro,
quella pianura della Lombardia
preziosa è più d'una miniera d'oro.

La Lombardia ha il grande privilegio:
si trova tra catene di montagne
che quasi gigantesche spume assorbono
l'umidità nocive alle campagne.

Sente la Lombardia circolare
nelle sue vene turgidi torrenti;
quella disciolta neve, come un manto,
feconda la pianura per gli armenti.

La superficie vasta come il mare,
l'onore e orgoglio è della Lombardia;
tutto fiorisce come un gran concerto,
come un arpeggio dolce d'armonia.

Verde Brianza

Visitando la verde Brianza,
scopri un mondo intrecciato di storia;
c'è grandezza, c'è onore e c'è gloria,
c'è il dolore, la fede e l'amor.

Valli e monti ed alpini laghetti,
l'Adda ricca di chiari affluenti,
ancor parlan di guerre e di genti,
che turbarono il patrio suol.

Se raggiungi la vetta stagliata,
dove sorge Valcava, che incanto!
tu contempli il magnifico manto
verde cupo di raro splendor.

Quelle cime come onde incalzanti,
di montagne varianti e nevose,
le stradette a spirale, tortuose,
danno brividi, fanno tremar.

A ridosso di monti e colline,
quasi branchi d'armenti pascenti,
sono sparsi paesi ridenti,
campanili slanciati nel ciel.

Mille vite possiede la gente,
nell'industria come aquila vola,
la Brianza, nell'arte, fa scuola,
ha prodotti che il mondo non ha.

In çantù Tagliabue i fratelli
son maestri di legni pregiati;
son richiesti nel mondo, apprezzati
di Brinza son vita, son cuore

In Grandate i fratelli Guarisco,
delicati hanno articoli rari.
di valore i modelli son vari,
son d'Italia e Brianza l'onor.

Al monotono suon di sirene
si ridesta la vita in Brianza;
le campane con viva esultanza
son inviti gioiosi al lavor.

O Brianza, sorriso di Dio,
con la legge di Cristo nel cuore,
con il Papa, supremo Pastore,
Tu possiedi il più grande tesor.

La pianura lombarda

Spettacolo grandioso è la pianura;
offre allo sguardo la distesa immensa;
è come un mare verde ed ondeggiante,
calma, tranquilla, di raccolti densa.

Non c'è rialzo alcuno nel terreno,
da placidi gran fiumi è attraversata;
da larghi e navigabili canali,
e dalle rogge essa viene irrorata.

Le risorgive, poi, della pianura,
d'aiuto immenso sono alle marcite;
dai monaci scoperte ed importate,
rocchezze son per secoli infinite.

Viene abbellita da frondosi boschi,
da campi recintati con arbusti,
si vedono villaggi e villaggetti,
con casolari nitidi ed onusti.

Le case sono bianche, civettuole,
con persiane verdi ben ornate;
circondano la Chiesa od il castello,
come fanciulle care innamorate.

Un'atmosfera intorno tutta luce,
d'insetti, di sussurri, eterno odore,
d'erba matura di profumo e fieno,
d'una pianura ricca di vigore.

Le cime alpestri chiudon l'orizzonte,
mandando spumeggianti giù torrenti
che fatti fiumi il suol di Lombardia,
di messi rendono ricche e sorridenti.

Di contro si delinean le pendici
di quella striscia, gli Appennini monti,
d'Italia son colonna vertebrale,
di Lombardia baluardi fonti.

I Comuni

Con il crollo l'impero romano
di barbarice orde fu preda
anche il suolo lombardo fu invaso
ed il popolo tanto soffrì.

    Era ardente nel cuor della gente
    il desio di libero sfocio,
    era esoso quel giogo, opprimente,
    di crudeli, stranieri padroni.

Il potere fra tanti signori,
era in polvere, in lotta, diviso,
molto sangue veniva versato,
e la gente soffriva, moriva.

    Della Chiesa i pastori di pace,
    nella speme di beni migliori,
    davan mano, coraggio a quei figli,
    di formare un comune d'onore.

Si formarono liberi e fieri,
forti e ricchi comuni d'ingegno,
disuniti, purtroppo, tra loro:
facil preda al nemico furor.

    Ed alfine, il buon senso prevalse,
    a Pontida, nel grande convento,
    i comuni si strinsero in lega,
    sigillata con gran giuramento.

A Legnano, in famosa battaglia,
l'ora quella di grande riscossa,
combattuta fu vinta e il nemico
fu sconfitto il crudel Barbarossa.

Governo spagnolo

Dopo la battaglia di Legnano
furono locali signorie;
ma per le infauste lotte tra fratelli
spagnol la Lombardia diventò.

Il tempo più gravoso per l'Italia,
fu quello del dominio spagnolo.
Sempre esistiti son, dai tempi antichi,
privilegiati nella società.

Le classi di persone benestanti,
per nobiltate e per ricchezze ingenti,
con gli Spagnoli oppressero in Italia
i poveri indifesi ed innocenti.

L'appoggio dato da governatori,
ai prepotenti e crudi signorotti,
fu cieco ed ignorata fu la legge,
mai applicata, e sorsero i complotti.

Le tasse erano altissime e pesanti,
campagne abbandonate, spopolate,
gli abusi dei soldati e l'angherie,
eran terror di genti spaventate.

I bravi dei signori prepotenti,
sgherri, terrore specie nella sera,
le donne, le ragazze insidiate,
vivevano nascoste ed in preghiera.

La triste storia della Lombardia
con nitida chiarezza è nel Manzoni,
i suoi *Promessi Sposi* d'eroismi
d'abusi sono specchio e d'abbandoni.

Le rivolte

Napoleone scompigliò l'Europa,
repubbliche fondò, ne fu sovrano;
di nostra Cisalpina l'epicentro
fu sempre il capoluogo di Milano.

Tornò la Lombardia all'Austria ancora,
quando Napoleone fu sconfitto;
ma il sentimento d'essere italiano,
rimase in mente e cuor sempre confitto.

Sorsero ovunque società segrete,
i patrioti condannati a vita:
Confalonieri, Maroncelli e Pellico
rappresentanti son di lista ardita.

Nel quarantotto si ebbero a Milano,
cinque giornate di lotta accanita;
Brescia lottò per dieci giorni interi
per la sua libertà grande, infinita.

La lotta fu ripresa duramente,
Belfiore vide ucciso Tito Speri;
in Brescia, Poma, Lazzoli e Grazioli,
son questi gli eroismi più sinceri.

L'indipendenza solo fu raggiunta,
la Lombardia fonde la sua storia,
nell'anno grande del cinquantanove
col regno dell'Italia nella gloria.

È sorto il movimento della Lega,
per frazionar la nostra cara Italia:
il sangue fu versato dunque invano?
sarà l'Italia un'altra Jugoslavia?

Concezionisti
Vescovo Nicola De Angelis

Son dell'Immacolata Concezione,
i figli prediletti della chiesa;
qui svolgono in Toronto una missione,
di gloria a Dio nella fedeltà.

> Al padre Borghi, primo qui arrivato,
> seguirono altri padri con studenti;
> un tempio protestante rinnovato,
> in chiesa di Gesù si trasformò.

Dopo la chiesa e insieme al ministero,
il turno venne quello della scuola;
lavoro duro, nobile e sincero,
il frutto, ben inteso, esso portò.

> Nacquero scuole organizzate e chiese,
> lotte accanite furon combattute;
> gente venuta qui d'ogni paese,
> i figli in queste scuole arruolò.

Tra tutti i figli dell'Immacolata,
un giovan si distinse per l'ardore;
energico, di vita intemertata,
prudente, intelligente qui brillò.

> Con passi giganteschi egli è salito
> nella carriera sacra della chiesa;
> è stato "generale" riverito,
> e vescovo italiano è in Canada.

Colonna della chiesa e della scuola,
dell'"Istituto" valida bandiera,
De Angelis o vescovo Nicola,
di Cristo portator di civiltà.

Angelo Tagliabue

Angelo Tagliabue e la famiglia
provengon da Cantù di Lombardia;
sono della Brianza verde e ricca
serbano in cuor struggente nostalgia.

È gente di statura eccezionale,
lungimirante, audace, intraprendente;
tra popoli di lingue assai diverse
avanzano con passo travolgente.

Angelo, Donatella e i cinque figli
compatti son con volontà sincera.
S'alterna col lavoro premuroso,
umile, unita, spesso la preghiera.

Legni pregiati son dei Tagliabue,
molti importati, vera rarità;
portan l'impronta della Lombardia,
e grande onore fanno al Canada.

I Tagliabue, in patria, son vulcani,
d'idee nel progresso e di brevetti;
esportano nel mondo dei prodotti:
dovunque ricercati e benedetti.

Carletto Caccia

Un personaggio della Lombardia,
Carletto Caccia, venne da Milano;
col suo progresso in terra canadese,
onore ha dato al popolo italiano.

    Dopo il cinquanta insieme col Carraro,
    del C.O.S.T.I. fu potente animatore;
    la gioventù dell'epoca, emigrata,
    necessitava d'una mente, un cuore.

Chi meta vuol raggiunger nella vita,
i mezzi deve usar per arrivare;
Carletto allora cominciò a salire:
nessuno ostacol lo poté fermare.

    Primo gradin: fu membro del comune,
    ed alla Metro ebbe vita animata.
    Nel sessantotto si sentì sicuro,
    e completò così la sua scalata.

Sono trent'anni ormai che è deputato
al Parlamento in campo federale;
vivace e attivo sempre è nel governo,
è stato anche ministro liberale.

    Il Caccia, deputato al Parlamento,
    impulso ha dato a tutti col suo ingresso.
    L'esempio degli audaci è sprone e forza,
    nel campo irto di spine del progresso.

Tanta acqua è sotto i ponti ormai passata,
cambiato è il nostro popolo italiano.
Esempio d'una vita forte, ardita,
resta Carletto Caccia da Milano.

Sergio Tagliavini

Il Tagliavini venne, un dì lontano,
con un bagaglio ricco di cultura;
lasciò la sua provincia di Milano,
per questa nostra patria d'avventura.

Profondo, vasto ed agile scrittore,
spigliato, consumato giornalista;
Sergio esternare sa e con vigore,
nutrito il suo pensiero d'un artista.

Lo Specchio è il suo giornale di lavoro,
palestra di notizie e personaggi;
coordina con serietà e decoro,
i suoi pensieri chiari, onesti e saggi.

La conoscenza è vasta come il mare:
l'umore affiora fresco come brezza;
ma quando si comincia ad agitare,
sorriso non dispensa, né carezza.

Scorre la penna sua con eleganza,
è bìsturi il suo stile di dottore;
con l'argomento incalza e lento avanza,
tocca il soggetto senza alcun dolore.

Il Tagliavini ancor sa rispettare,
d'ingegno è un uomo, serio ed alla mano;
sa senza rancor dimenticare,
è questi il Tagliavini da Milano.

Valle di Funes

Trentino-Alto Adige

Trentino Alto Adige appartiene,
alla regione nordica, al confine;
essa è una terra tutta monti e valli
è ricca di molta acqua senza fine.

    Dagli alti monti scorrono torrenti,
    rombanti, tumultuosi senza uguali;
    sono impetuosi e mettono turbine
    in azion d'elettriche centrali.

Dall'alto d'un aereo se guardi,
vedrai tu delle Alpi il gran candore,
i pallidi ghiacciai, immensi, eterni,
al Sole scintillanti di colore.

    Che vedi nelle valli e sopra i monti?
    sono i paesi sparsi pien di gloria,
    son pittoreschi e cari, son puliti,
    d'antica civiltà ricchi di storia.

Le case sono grandi maestose,
hanno sul frontespizio merlature,
spioventi tetti fan cader la neve,
nell'invernate lunghe e molto dure.

    Le chiese sono tutte decorate,
    sono slanciate, hanno alti campanili;
    son molto frequentate dai fedeli,
    di fede ardente nobili e civili.

I monti son solenni ed impettiti,
incutono un rispetto di mistero,
agli abitanti tutti del Trentino
danno un aspetto serio e sincero.

    Su tutto splendono le Dolomiti,
    dei boschi il verde cupo del Trentino
    si specchia con amore voluttuoso
    nell'acqua pura d'un laghetto alpino.

Bolzano

Bolzano è la città dei grandi incontri:
l'incontro delle razze e le culture,
del popolo tedesco e l'italiano,
dei monti, delle valli e le pianure.

    In questa cittadina che deriva
    il nome suo antico dal latino,
    si sentono parlar lingue diverse,
    si gode un panorama tutto alpino.

Si affiancano alle case vecchie, nuove,
ai portici solenni grattacieli;
le strade son nuovissime e moderne,
nella città di nebbia sotto i veli.

    Il sol che mette in fuga nelle valli,
    l'ombre giganti e fresche del mattino,
    s'attarda verso sera a folgorare
    di luce chiara il lento suo cammino.

E delle dentellate Dolomiti
splendon le cime d'una luce d'oro;
son di Bolzano fulgida corona
celeste è un panorama esso è un tesoro.

    Bolzano è la città dei grandi incontri:
    l'incontro del divino e dell'umano,
    l'incontro della luce e della pace,
    dei cuor l'incontro in terra di Bolzano.

Le Dolomiti

Dolomiti, giardin di rocce immenso,
serena successione d'altipiani;
da terre contornate pien di boschi,
chiazzate di radure verderame.

    Dal gran colosso spuntano le vette,
    s'innalzano eleganti e maestose;
    si abbassano le valli larghe e ricche,
    di prati, frutti e vigne generose.

Son sorte le montagne da coralli,
enormi torri emerse su dal mare;
dai ghiacci scardinati e poi corrosi,
da fulmini e tempeste sgretolati.

    Le rocce color rosa e un po' gialline,
    in esse spesso —dolci meraviglie—
    si trovano incastrate, cesellate,
    ben conservate, forme di conchiglie.

Dal verme generati del corallo,
dal fuoco o congelati o dal diluvio,
modelli son supremi d'armonia,
d'un equilibio esatto, superiore.

    A volte quando il cielo è nuvoloso,
    provi un sentore di tristezza umana:
    le Dolomiti all'alba appaion nere,
    informi e immiserite come il cielo.

Mutar le vedi col mutar dell'ore,
cambiano anche esse coll'umor del mare;
le nubi e il vento e il giorno, il sol, la luna,
riplasmano quei monti di colori.

Cortina d'Ampezzo

È delle Dolomiti la regina,
in quell'alpestre conca naturale.
Cortina essa è d'Ampezzo rinomata
pel panorama e per la varietà.

Intorno a quella conca le più eccelse,
spiccan, montagne dell'Italia alpina;
Cristallo con Tofano e Loveredo,
sono un incanto un saggio del divino.

Tu godi un paesaggio che è di fiaba,
smagliante, verdi rocce, nell'estate,
una distesa immensa nell'inverno,
candida neve vedi accumulata.

Alle pendici di quei vasti piani,
vi sono pini, estese praterie,
vi vanno a pascolar pecore e mucche,
ricchezza immensa di quei villeggiani.

In alto, molto in alto, cime nude,
vasti nevai vedi: i passi alpini,
di qui partono spesso le cordate
di rocciatori in cerca d'emozioni.

Quelle pareti spesso verticali,
venir ti fanno brividi d'orrore;
quelle montagne ardite, assai stupende,
son delle Dolomiti il grande cuore.

Leggenda d'un lago alpino

Tanti anni, son molti anni, nel Trentino,
nel lago di Carezza, un po' vicina,
ai monti delle grandi Dolomiti,
c'era una fata bella essa era Ondina.

Gli uccelli erano i suoi migliori amici,
Là presso il lago c'era un bosco nero,
era la residenza paurosa
d'uno stregone avvolto nel mistero.

Questo stregone brutto era cattivo,
sposar voleva Ondina tutta bella
la fata preferiva restar sola
felice di brillar come una stella.

Mutato in una lontra lo stregone,
ben presto allora ascoso di mattina,
pensò rapire sicuro, con l'astuzia,
quella fatina dolce e cara Ondina.

Gli uccelli erano i suoi migliori amici.
E quando Ondina ritornò alla sponda,
col canto e col frastuono dieder segno:
comprese Ondina e ritornò nell'onda.

Quello stregone non si diede pace;
da sponda a sponda mise in un baleno,
vivissimo, d'artistico splendore,
una figura dell'arcobaleno.

Ne fu rapita Ondina ed ammirata;
d'averla era sicura ormai quel mago;
ma gli uccellini corsero in aiuto,
e la fatina si tuffò nel lago.

Il mago infuriato, il suo lavoro
distrusse, e gettò i pezzi in mezzo al lago;
come d'incanto presero i colori
quelle acque per l'ardire di quel mago.

Da quel momento quel laghetto alpino,
con i colori dell'arcobaleno,
è meta di turisti nel Trentino,
per ammirar quelle bellezze in pieno.

Missionari del Trentino

Il padre Italo Reich è del Trentino,
venuto in Canada pel ministero;
nel cuore porta d'un laghetto alpino,
con un sorriso e un animo sincero.

È sempre sulla breccia e non si stanca,
lavora con amor da mane a sera;
l'essenza, la sua forza, poi non manca;
al suo lavoro alterna la preghiera.

In questa nuova patria canadese,
l'apostolato è il primo sacro amore;
ha costruito scuole ed anche chiese,
cercando sol la gloria del Signore.

Vi sono due padri francescani
in questa terra anch'essi del Trentino,
lavorano in parrocchia di italiani
con zelo e con ardor tutto divino.

È padre Claudio il primo ed è pastore,
ed il secondo è poi padre Agostino,
son lineari, semplici di cuore,
e forti come i monti del Trentino.

Venezia. Piazza San Marco

Regione veneta e Venezia

Lambita è la regione, dolcemente,
dal mare che si curva con amore;
si forma il golfo di Venezia e Chioggia
ed offre di Trieste il suo colore.

Con le stupende rinomate sponde,
vi sono lidi e spiagge balneari;
attratti son del mondo villeggianti
nel più ridente mar di tutti i mari.

Venezia brilla sol, nell'universo,
per la topografia ch'è un incanto
sorge sopra isolette varie e sparse
protette son dall'acqua come un manto.

Le case nell'aspetto e nel colore
son singolari, semplici: una gloria.
I suoi palazzi son come di fiaba,
d'una epopea grande nella storia.

La strada principale, il Canal Grande
di splendidi palazzi e galleria,
le gondole e gli snelli vaporetti
la solcano con brio ed armonia.

Ogni città ha volto singolare:
Verona ha la sua arena e il suo castello
e Padova il gran santo noto al mondo;
ogni città rilievo ha molto bello.

Padova

Sorge questa città nella pianura,
chiamata è la città del Grande Santo;
è tipica città della cultura,
che per l'Italia e il mondo ha dato tanto.

Le vie strette sono fiancheggiate
da portici di stile medievale;
s'uniscono il Romano e il Veneziano
nell'armonia che non ha l'eguale.

Possiede due piazze suggestive:
Piazza dell'Erba e Prato della valle;
della Regione sorge il gran Palazzo
e un vasto spiazzo di corolle gialle.

Si può ammirare un'isola alberata,
recinta d'un canale d'acqua chiara;
si specchiano di personaggi illustri
le statue di fama molto rara.

Nel fondo della piazza c'è la chiesa,
del mondo forse una delle più belle,
in essa c'è la tomba di san Luca,
Santa Giustina è stella tra le stelle.

Ma la basilica più conosciuta
è quella del Santo "giglio giocondo"
è dedicata al Santo dei Miracoli
che venerato viene in tutto il mondo.

Vicenza

Vicenza sorge sopra un verde piano;
protetta è da Maria con premura;
dal colle Monte Berico la Mamma
veglia sulla città nella pianura.

Se dalla stazione ferroviaria
da quel viale guardi giù Vicenza,
ti si presenta nella sua sostanza,
col manto d'una nobile apparenza.

Molto sincera, aperta e di gran cuore,
la gente vicentina è ed elegante;
ti fa sentire a casa immantinente,
sincerità richiede in ogni istante.

E nel complesso dell'architettura,
vitali son palazzi e monumenti;
i vicentini sono costruttori,
felici sono attivi e intraprendenti.

Presso la piazza detta "Dei Signori",
del gran Palladio incontri il monumento;
fu l'architetto di Vicenza, il cuore,
lo spirito del gran Rinascimento.

Le venete città di cose grandi
innamorate son: le chiese e ville
espressioni sono dell'ingegno
del loro amore, vivide scintille.

Vicenza ha monti verdi colli e valli,
ha fiumi, ha la Rotonda come un fiore,
ma il Santuario del suo Monte Berico,
dei Vicentini tutti ruba il cuore.

Treviso e Vittorio De Zen

Treviso città veneta stupenda
l'aspetto ancor presenta medioevale;
palazzi ha tante chiese e tante case
d'un'arte suggestiva senza eguale.

La florida campagna trevigiana,
racchiude come gemme incastonate,
nel verde palazzotti e ville amene
d'una serena pace circondate.

La borghesia ancora ai nostri giorni,
è viva d'interessi culturali;
d'opere costruttive essa s'adorna,
d'arte moderna ed opere sociali.

Della città nel centro puoi mirare
vasta, la Piazza antica dei Signori,
dei Cavalier la Loggia spaziosa,
l'artistica Cappella dei Rettori.

Ti sembra di veder verso Treviso,
persone sante e grandi di cultura
un santo trevigiano Pio Decimo
Canova e personaggi di statura.

Un'altra schiera, noti, andar lontano,
con la valigia in mano e un gran desio,
son figli della terra di Treviso,
partendo danno a tutti un caro addio.

Anche il De Zen partì giovane ancora;
lasciò la casa, il Veneto deciso;
lungimirante, ardito, un sognatore
pensando al suo futuro a un paradiso.

Fondò un impero vasto nel lavoro:
forte la "Royal Plastics" è in cammino;
Vittorio può guardar Treviso e il mondo
come dall'alto d'un ghiacciaio alpino.

Paesaggio veneto

È terra grande, tutta monti e valli,
percorsa da ruscelli e da torrenti,
da fiumi essa è solcata ricchi d'acqua,
sui monti son ghiacciai al sol splendenti.

    Torreggiano solenni i grandi monti,
    si stagliano nel cielo in alto arditi,
    corona sono poi per le regioni,
    le candide solenni Dolomiti.

Le case sono grandi, son massicce,
con merlature e tetti assai spioventi,
le chiese ben slanciate, decorate,
risuonano di canti e preci ardenti.

    Le valli e gli altipiani in primavera,
    spettacol sono di frutteti in fiore;
    candida nebbia si disperde al sole.
    e fiori e frutti crescon con fervore.

Tu vedi nelle valli e sopra i monti
gruppi di case sparse qua e là,
paesi sono di questa regione
ricchi di storia e tanta civiltà.

    Sui fianchi di quei monti dalle valli
    s'arrampica la schiera dei vigneti;
    son turgidi di grappoli maturi,
    c'è sfoggio d'agrumeti e di frutteti.

Su tutto il paesaggio come il sole
splende il giardino delle Dolomiti;
occhieggiano tra il verde degli abeti
laghetti azzurri, placidi, infiniti.

Sant'Antonio da Padova

Non è un santo padovano,
è dell'universo intero;
non c'è al mondo un forestiero
che non chieda i suoi favori.

Con semplicità divina,
come il suo fondatore:
la sua vita, il suo dolore,
fu un ardor di carità.

Amò i piccoli innocenti,
pregò per i peccatori;
penitenze e i suoi dolori,
ei per loro tutto offrì.

Nel dinamico lavoro,
cuore fu l'Eucarestia,
e l'amore per Maria,
come luce in lui brillò.

Non c'è un'ombra nella vita,
d'innocenza e penitenza,
non c'è stata sofferenza
distaccata da Gesù.

E Gesù lo riconobbe
anche sulla nostra terra,
nella pace e nella guerra
d'ogni onore lo colmò.

Missionari veneti

Mirko Soligo è un prete trevisano,
dell'emigrazione è un pioniere;
venne nel Canada un dì lontano,
si dedicò con zelo al suo dovere.

Il ministero ha sempre esercitato,
in tante chiese e con diversa gente;
per oltre quarant'anni ha lavorato,
ed ora è pensionato è sorridente.

Do Siro Lunardon, un padovano,
di zelo ardente, forte, travolgente;
ha qualità bollenti d'un vulcano,
un burbero benefico, imponente.

Don Mario Bellinaso da Treviso,
lasciò la patria avita, il suo paese;
andò in Brasile ed ora col sorriso,
è missionario in terra canadese.

Dal Ferro don Giuseppe è vicentino,
come aquila nel cielo azzurro vola;
dell'autorità molto è vicino,
la sua parola è valida, è una scuola.

Ai sacerdoti tutti gli emigranti,
memori e grati son per l'assistenza;
ricorderanno con pensieri santi
il bene fatto e con riconoscenza.

Luigi Biffis

Un emigrato ardito e intelligente,
nel fior delle speranze e dell'età,
ricco d'ingegno e volto sorridente,
dal Veneto emigrò nel Canada.

    Con un lavoro assiduo e severo,
    come alpinista intento alla scalata,
    le basi mise del suo grande impero
    salendo l'alta vetta accarezzata.

Assunta, la compagna della vita,
il cuore gli rubò con il suo amore;
con un'intesa d'unità infinita,
un mondo nacque pieno di stupore.

    Nottawasaga Inn, un grande ostello,
    un'oasi di pace e di cultura,
    troneggia come rigido castello,
    dei Biffis è l'onore e l'avventura.

Da questa aiuola viva, come gigli,
sbocciati son dei fiori profumati:
Pietro, Dino e Silvia, sono i figli
che Lou e Assunta rendono beati.

    Come uccellini ai nonni fan corona,
    con argentine voci e col sorriso,
    Celinna, Amanda e Robert la persona
    di tutti rendon dolce un paradiso.

Su tutti come candida regina,
stende il suo manto azzurro di splendore,
Maria, infonde un'armonia divina,
nel cuor la pace e il suo materno amore.

Bruno Buso

Chi non conosce il nome di Milano,
d'una città d'Italia in Lombardia?
Della regione è capoluogo eccelso
d'Italia è il cuore e della economia.

    Per noi Milano è il nome dei biscotti,
    un nome ricco ovunque assai diffuso;
    confezionati son con competenza
    da un figlio trevisano: Bruno Buso.

Decenni son da quando da Treviso,
Bruno arrivò qui in terra canadese;
un giovane ambizioso e di coraggio
porta la serietà del suo paese.

    Bruno non si è fermato al piano terra,
    creare egli ha voluto, progredire;
    grandezza egli ha sognato e con onore
    cercato ha sempre in alto di salire.

La realtà di un sogno è coronata
dal nome prestigioso di Milano;
la qualità dei suoi biscotti vola
in Canada vicino e va lontano.

    La varietà dei suoi prodotti è vasta,
    intreccio è per le forme a fantasia;
    la ditta dei biscotti di Milano
    per chi l'ha conosciuta è nostalgia.

Il C.O.S.T.I. e Joe Carraro

Toronto è una città cosmopolita,
è lunga larga vasta come il mare;
dalle contrade tutte della terra
gente proviene qui per lavorare.

Cultura qui si trova e religione,
mosaici di razze e di colori;
vi sono molte fogge di vestire
è nel progresso scala valori.

La gioventù vagante, senza meta,
necessitava d'un samaritano;
non esitò il Carraro e con il C.O.S.T.I.
con degli amici, stese lor la mano.

Il Centro organizzò d'arte e mestieri,
spianar la via volle del successo;
i giovani felici vi affluirono
sognando la scalata del progresso.

Non ebbe pregiudizi il fondatore,
il cuore egli guardò non l'apparenza;
le porte spalancò per il lavoro,
per tanta gioventù fu provvidenza.

Il C.O.S.T.I. oggi è un pilastro della vita,
tessuto connettivo del paese;
son mille, tanti, i giovani educati
in questa nostra patria canadese.

Rispetto a questo figlio trevisano,
nascosto pioniere della storia,
a Joe Carraro dell'Italia vanto,
del C.O.S.T.I. fondator sincera gloria.

Trieste. Facciata e Campanile di San Giusto

Friuli

Mutevole è l'aspetto, il paesaggio,
del nordico Friuli singolare;
costante successione è il suo passaggio
d'alpestri monti, di pianura e mare.

Dalle nevose vette ormai famose,
per la cruenta bellica campagna,
si scende alle lagune silenziose,
al Golfo di Trieste che la bagna.

Se lasci l'isolata e tozza altura
dell'udinese, i colli dolci ammiri;
curati con affetto e con premura
dovunque estasiato il guardo giri.

Laggiù nella marina, tutta mesta,
come matrona pensa alla sua storia;
addita la basilica che resta
triste Aquilea di passata gloria.

Poi viene Grado, un'isola sperduta,
tra brume e luci sul tranquillo mare;
nel golfo di Trieste la veduta
le bianche guglie ancor di Miramare.

Aspetto vario del Friuli

È varia la regione del Friuli,
che va dall'Alpi, alla pianura, al mare;
va dalle vette ripide boscose
ed alla zona bassa lagunare.

Se visiti il Friuli puoi provare
sensazioni nuove, differenti;
ti sembri trasportato in pochi istanti
dall'uno all'altro opposto continente.

Udine è una città molto attraente,
con una impronta veneta marcata;
in Cividal sappiamo è custodita
memoria longobarda ben curata.

Se scendi dalla tozza zona carsica
alle colline giù dell'udinese,
la varietà potrai tu là ammirare
e il panorama tutto del paese.

La Carnia ed il Carso e le Doline,
presentano fenomeni d'incanto;
i fiumi sono molti e misteriosi,
le risorgive son d'aiuto tanto.

Il friulano è come la sua terra:
ha intelligenza limpida e vigore;
è ricercato ovunque ed apprezzato;
il friulano è duro ma di cuore.

Romana, Giuliana, Italiana

Della storia civile agli albori,
quando l'aquile giunser da Roma,
le legioni portaron grandezza,
quella forza che eleva e che doma.

Ed i colli coperti di ville,
e le spiagge con porti accoglienti,
si coprì la regione di centri,
di città di villaggi ridenti.

Ebbe Roma una cura sincera,
una gara civile ed umana,
e dal nome d'Augusto la figlia,
la provincia fu detta Giuliana.

Nacque Pola e l'artistica arena,
legionari e coloni presenti,
i confini da slavi pressanti,
difendevano in tutti i momenti.

Ed il popolo fatto romano,
diede a Roma i suoi figli migliori,
generali, ammiragli, soldati,
non mancarono gli imperatori.

Quando i barbari invaser l'impero,
non fu esclusa la terra istriana;
condivise la sorte comune,
fu romana, giuliana, italiana.

Castello di Miramare

Miramare

Sotto quel cielo terso di Trieste,
a picco sorge sull'azzurro mare,
grande un colosso artistico, imponente,
lo storico castel di Miramare.

  Era il soggiorno amato d'arciduchi,
  fastosa residenza dei reali;
  di musica leggera risuonava,
  di voci e di strumenti musicali.

L'aspetto signorile, maestoso,
romantico complesso di splendore
era sognato spesso dagli artisti,
da gente di cultura e da signore.

  Ebbe di qui la tragica vicenda,
  inizio dal castel di Miramare;
  in Queretaro il giovane Arciduca,
  nel Messico fu fatto fucilare.

Vena struggente di malinconia,
le bianche torri ancora del castello,
appaiono slanciate verso il cielo:
chiuso è il castello, è un triste ritornello.

  Pur nel suo aspetto ormai già decadente,
  la nobile fastosa residenza,
  oggetto è d'attenzione, da museo,
  la vita in Miramar solo è apparenza.

Con Venezia mente e cuore
Ad Edoardo ed Alba Putigna

Per un millennio il popolo giuliano,
è stato con Venezia mente e cuore;
chi può contare i dogi e generali
che nella storia si son fatti onore?

  Anche la chiesa ha avuto tra i suoi figli,
  vescovi, papi e gente di cultura;
  ogni città e villaggio per la fede
  nell'arte fu perenne fioritura.

Questa armonia di pace e di lavoro
distrutta e con sistema dai "Titini"
un genicidio crudo, meditato,
fu perpetrato là senza confini.

  Retati in massa onesti cittadini,
  furon dal fero mostro partigiano;
  vennero uccisi molti, infoibati,
  era scomparso ogni valore umano.

Partirono i restanti con dolore,
tutto lasciando per salvar la vita;
portarono nel mondo stretto al cuore,
l'amore immenso per la patria avita.

  I coniugi Putigna Alba, Edoardo,
  da questa nostra terra canadese,
  volan lontano spesso col pensiero,
  a casa nel giuliano lor paese.

Esodo giuliano

Tutti i mezzi son leciti e buoni,
treni merci che portan lontano,
un piroscafo o a remi barchetta,
nella fuga del popol giuliano.

Doloroso, incompreso corteo,
per le strade d'Italia in cammino,
son trecento cinquanta migliaia,
tutti in cerca d'un nuovo destino.

Nelle varie regioni italiane,
con fagotti e bambini innocenti,
sono accolti in baracche di legno,
tra disagi ricolmi e di stenti.

Nel silenzio in andron di caserme,
con la speme e il dolore nel cuore,
quella gente giuliana e fiumana,
fiduciosa s'affida al Signore.

Perché lascia gli averi la casa,
i suoi campi, la chiesa e la terra?
vuol salvare la vita l'onore,
ha sofferto durante la guerra.

Hanno i profughi impresso nel sangue,
la cultura e la fede cristiana,
vogliono essi pei figli salvare
tutto questo anche in terra lontana.

Roma antica è presente e ancor viva
palpitante di nobile storia,
la Venezia giuliana rimpiange
di Venezia le imprese di gloria.

Venezia e Venezia Giulia

Da Grado, Aquilea e villaggi,
per sfuggire al crudele invasore,
gli abitanti fuggirono al mare,
trepidanti ed in preda al terrore.

Sopra l'isole della laguna,
con impegno ed ingegno e lavoro,
fu fondata Venezia, dei mari
la regina e del mondo decoro.

La città di San Marco imperiosa,
vide opporsi ai suoi sogni d'impero,
giuliani gelosi e compatti,
d'uno spirito nobile e fiero.

Dopo lotte, sconfitte e vittorie,
s'integrarono nella cultura,
diventarono veneziani
nella lingua, nell'arte e sventura.

Di San Marco il leone ruggente,
presto apparve su porte d'ingresso
delle chiese, su "vere" dei pozzi,
d'unità come segno e progresso.

Questo vincolo saldo e comune,
come ponte ha legato le sponde,
e del Veneto popol la vita
volò ardita del mare sull'onde.

Missionari friulani

Venuto è dal Friuli, Vitaliano,
da quella terra carsica, un po' avara,
un sacerdote attivo, ed alla mano,
pieno di Dio e della patria cara.

Quando Vitalian salì l'altare,
e diventò ministro del Signore,
il giovane era pronto per volare
lontano ad altri lidi con fervore.

Nel sacro ministero Vitaliano,
svolge un lavor dinamico, divino;
il senso del dover d'un friulano
traspare in tutto il vasto suo cammino.

Da tempo il padre Ermanno ci ha lasciato;
è vivo il suo ricordo con amore;
giammai egli sarà dimenticato,
riposa ora nel bacio del Signore.

È un poliglotta il padre Luciano:
dello spagnol padrone è dell'inglese,
alterna queste lingue all'italiano
nel sacro ministero canadese.

Padre Biasi amato è dalla gente;
ha ricopreto posti d'alto onore
di scuol fiduciario, intraprendente
pieno di zelo ancora egli è pastore.

Che dire poi del padre Gasparini?
Intelligente, attivo ed è cortese,
umane ha qualità, doni divini,
un missionario in terra canadese.

Don Mario Salvador, prete novello,
da genitori è nato friulani;
con giovanile ardore e grande zelo
lavora tra gli inglesi e gli italiani.

Padre Mario De Giusti

Padre De Giusti è un figlio friulano,
mosaicista esperto, professore,
per mezzo dello studio e la preghiera
silente udì la voce del Signore.

Un desiderio vivo di sapere,
d'approfondir lo scopo della vita,
di scrutinare i palpiti del cuore,
gli aprirono la scala stretta, ardita.

La varietà d'amici a lui d'intorno,
diversi per l'età, per la cultura:
avevano in comune un grande amore;
sincerità con tutti e con premura.

Iddio ci parla al cuor, chiama alla vita
in mille modi semplici di luce;
Don Mario l'ascoltò sereno e forte
Cristo Gesù seguì che al ciel conduce.

Fu sacerdote, ormai sono tant'anni,
zelante cappellano di prigioni,
di Cristo egli ha portato in cuori afflitti
serenità, la pace, e tanti doni.

Ed ora padre Mario è in seminario,
dei nuovi sacerdoti educatore;
quel giovanotto ardente friulano
di cuore ama i fratelli ed il Signore.

Padre Gian Lucio Borean

Un giorno ti chiamò Gesù Signore,
per parte farti amico del mistero:
collaborar con Lui tu nell'onore
e di salvezza e pace messaggero.

Eri negli anni verdi, forte, ardito;
Sognavi un ideal d'arcobaleno,
di Cristo quel pressante dolce invito,
tutto ti conquistò e in un baleno.

Lasciasti casa, genitori e amici,
discepol diventasti del Signore,
soccorrere gli afflitti, gli infelici,
portar la pace e gioia in ogni cuore.

Al seminario andasti, segregato;
là ti formasti al bello al sacro amore,
la mente e il cuor nutristi e preparato,
l'altar salisti insieme al tuo Signore.

Gian Lucio, son vent'anni, un altro Cristo,
ministro ormai tu sei di santa Chiesa;
l'apostolato svolto è santo acquisto,
grande missione e non facile impresa.

Iddio ti diede nobili talenti,
espressi son in tanti tuoi lavori:
San Pietro e San Wilfredo monumenti,
con Santa Chiara sono i tuoi tesori.

Continua il ministero benedetto,
o Padre noi preghiamo per te tanto;
noi ci stringiamo a Te col nostro affetto,
perché il Signor ti faccia lieto e santo.

Marco Muzzo

Camminando per Toronto,
la città cosmopolita,
tu vedrai cantieri in corso:
tutto è un palpito di vita.

Trovi gente di colore,
bianchi, rossi, vedi e gialli
e nel cuore cittadino
polizia ad intervalli.

Son le strade ben pulite,
larghe, lunghe, spaziose;
marciapiedi ben tenuti,
e tra i fiori tante rose.

È spettacolo stupendo
delle foglie unico al mondo;
i colori son sgargianti
degradanti verso il fondo.

Nei cantieri di lavoro,
"ditte" sono di italiani,
specialisti molto spesso
sono nomi friulani.

Non hai visto mai l'insegna
la "Marel" che fa furore?
È dei Muzzo quella ditta
molto attiva in tutte l'ore.

Marco Muzzo ne è il pensiero
ed il braccio fermo e duro
come tanti friulani
è proteso nel futuro.

Paolo Canciani

Nelle trasmissioni agli italiani,
sopra il canale del Telelatino,
sfuggirti non ti può giammai Canciani:
è come di famiglia, a noi vicino.

Ogni soggetto che viene trattato,
trova in Canciani nota competenza;
egli è sicuro, ed è ben preparato,
è disinvolto nella sua presenza.

Dei "teleton" spigliato animatore,
e nello sport poi non è da meno;
è disinvolto come parlatore
ha sfumature d'un arcobaleno.

Sa moderare, Paolo, gli eventi,
con padronanza e spesso col sorriso;
non è sorpreso dagli avvenimenti,
anche quand'essi arrivan d'improvviso.

È Paolo Canciani un friulano
che non si lascia vincer dall'umore;
è un personaggio previgente umano
ed è seguito con rispetto e amore.

Ferrara. Castello estense

Emilia -Romagna

Con lo sguardo alla regione
dell'Emilia-Romagna,
noi vedremo monti e fiumi,
ed il mare che la bagna.

Come perle di corona,
vedi il suol di Lombardia;
son le Marche e la Toscana,
una dolce compagnia.

Vedi il mare tu a levante,
la Liguria là a ponente;
e nel centro il grande fiume,
capriccioso, sorprendente.

Nell'Emilia-Romagna
gente esiste che s'impegna
nel lavoro giornaliero,
molte cose essa c'insegna.

Questa storica regione
pulsa come ardente cuore;
della patria è linfa e vita
come un centro propulsore.

La pianura emiliana

Se guardi il paesaggio emiliano,
nell'ubertosa e vasta sua pianura,
vedrai che tra Ravenna e il Ferrarese,
esso presenta aspetto eccezionale.

Esiste una perfetta geometria,
di strade, di canali e di coltura;
i fiumi della zona, il Po ed il Reno,
guadagnano terreno verso il mare.

D'estate la pianura è una bandiera:
è variopinta per i suoi colori;
un prato è verde, pieno di verdure,
e il rosso brilla per i pomidori.

Rifulge il bianco nell'azzurro cielo,
e il nero pel terreno rivoltato;
il sole caldo, il sole emiliano,
riscalda il suolo e forza ognor gli dà.

D'inverno è come landa sterminata,
l'aspetto suo è quasi silenzioso;
case, villaggi e gente, d'un velario
tutto è coperto e calmo, e si riposa.

Fiorisce poi d'incanto a primavera,
esplode la pianura emiliana,
la produttività non si controlla,
ricchezza immensa è al popolo padano.

Il Po romagnolo

Dalla provincia di Piacenza al mare,
il fiume scorre su dolce pendenza;
ma poi si torce e si rivolta in anse,
in ampie e strette curve da serpente.

In mezzo al corso lungo e zig-zagante,
di tanto in tanto un'isoletta appare;
è come un paradiso ai pescatori,
e come una meteora scompare.

Il fiume Po compie un lavoro immenso,
strappa e porta sempre terra e ghiaia;
distrugge e costruisce senza posa:
signore è della zona incontrastato.

Si sposta soprattutto s'è sbrigliato,
com'era senza briglie al Medio Evo;
con gli argini possenti, oggi, moderni,
come un colosso viene controllato.

È largo ed obbediente nel suo letto,
in parte navigabile, è d'aiuto;
barconi, chiatte, dette "bettoline",
sono sollievo per l'agricoltura.

Un fiume così lungo ed incostante,
tenuto d'occhio sempre va e guidato:
l'Emilia-Romagna fa progressi,
col Po, felice, è zona fortunata.

Castelli di Romagna

Durante il Medio Evo,
i monti e le colline
fiorirono di vita,
si vedon le rovine.

Spuntarono castelli
dominio feudale,
d'un gruppo di ribelli
di gente neutrale.

Alcuni sono intatti,
con torri e torrioni,
con muraglioni e scarpe
muniti di bastioni.

Ancor si può notare
lo stile di difesa,
col ponte levatoio,
pronto ad ogni sorpresa.

Ma forse il più famoso
e peggio conservato,
è quello di Canossa
da storia ricordato.

Col crollo dei Comuni,
per cieche gelosie,
nei centri Emiliani
venner le Signorie.

Il *Passator cortese*

Fu Stefano Pelloni, emiliano,
nel secolo passato un gran bandito;
da giovane fu buono, molto umano,
gentile di maniere, forte e ardito.

Col padre lavorò nel traghettare,
i passegger del fiume all'altra riva;
Bagnacavallo lo sta a ricordare:
del Passator memoria è ancora viva.

Scomparve allor Pellon nel folto bosco,
s'organizzò per le sue tristi gesta;
la gente definì quell'uomo losco:
"Re della strada e Re della foresta".

Protetto dalla selva egli assaliva,
carrozze e depredava i passeggeri;
talvolta i poverelli egli aiutava,
lo rispettavan questi volentieri.

Parlava spesso della patria unita:
l'Italia egli sognava indipendente;
la sua figura avvolta nella vita,
fu tutta un'esistenza incoerente.

Morì lottando con la polizia,
la gente ancor ne parla nel paese,
di delinquenza un misto e cortesia
egli è rimasto: "Il Passator cortese".

Firenze. Ponte vecchio

Toscana

Tra le regioni nostre è più famosa,
della Toscana è tutto d'ammirare;
comprende le montagne e le colline,
valli e pianure con l'azzurro mare.

    L'Arno d'argento fiume rinomato,
    bagna città ricche e piene di storia.
    Gli artisti, i gran poeti e gli scrittori,
    l'alone hanno creato della gloria.

Terra abitata dagli antichi Etruschi,
culla ammirata nel Romano Impero,
questa regione è al centro dell'Italia,
vicina al cuor di Roma, al primo Piero.

    Descriver la grandezza e la natura,
    facil non è, parlar della Toscana;
    il suo splendore è grande e sempre dolce:
    essa ha la forma d'una faccia umana.

Della Toscana la cultura è immensa,
poeti ed architetti, esploratori,
famosa l'hanno resa in tutto il mondo
per l'arti belle e sacre e di tesori.

Firenze

Firenze, luce, orgoglio, onor del mondo,
regina e perla dell'Italia nostra,
faro, splendore, cuor della Toscana,
s'adagia al fondo di ridente valle.

Percorsa, attraversata essa è dall'Arno,
monili sono i suoi fioriti colli,
d'argento ulivi e campi coltivati,
profumo espandon là tutt'all'intorno.

Dell'arte essa è la culla e la sorgente,
dell'armonia dolce e dei colori,
Firenze è detta la "città dei fiori"
essa è un sorriso di divinità.

Città dei fiori è per le sue colline,
che occhieggiano nel fondo delle strade;
pei parchi e le gradite passeggiate
per i giardini ricchi d'ogni fiore.

Se vai in una casa di viuzza,
baciata appena appen dal sole d'oro,
dalla finestra vedi nel recinto,
l'incanto di boccioli tutti in fiore.

Firenze è detta anche "città del fiore",
di quel determinato fiore fiorentino;
è il giglio preferito, il suo giaggiolo,
è il profumato fior d'ogni giardino.

Ma per Firenze il Cristo è il vero fiore:
è il re della città dei fiorentini;
Santa Maria del Fiore è la Regina,
Firenze è la città del Primo Fiore.

Maremma

Maremma, nome triste e nome grande,
per secoli fu terra maledetta;
a sud di Valdarno essa si estende,
ed ora è terra santa e benedetta.

Per secoli fu zona di paludi,
fu piena d'acquitrini e di zanzare;
malaria diffondevano ogni giorno,
decessi poi non eran cose rare.

In quelle sacche pien d'acque stagnanti,
tra piante appena appena sviluppate,
regnava la tristezza alla maremma,
sembravan le persone rassegnate.

I larghi tratti erbosi, dai pastori
erano usati per i loro armenti;
scendevano dai monti alla maremma,
d'inverno proteggendosi dai venti.

Quando s'allea l'uomo alla natura,
Dio sa far miracoli con loro;
trasforma la maremma le paludi,
in campi coltivati in grano d'oro.

Oggi quella maremma s'è redenta,
è pascolo d'armenti e di cavalli;
scorrazzano cinghiali e il paesaggio
è ricco d'oliveti ad intervalli.

Paesi lindi, bene organizzati,
sorgenti d'acque chiare cristalline,
miracolo decor son del lavoro,
orchestra sono d'armonie divine.

Castagneti toscani

Sugli Appennini tosco-emiliani,
vi prosperan vigneti ed oliveti;
ma la ricchezza vera di quei boschi,
sono i suoi folti e verdi castagneti.

    All'ombra dei castagni verde-oscuri,
    nei fossi l'acqua scorre e nei torrenti;
    d'estate nei cespugli capolino,
    fanno le fresche fragole splendenti.

E nell'autunno il suol delle castagne,
di funghi si colora piano piano;
di ricci allor si veste aperti al sole,
con le castagne brune il suol toscano.

    I montanari la farina dolce
    ricavano dal frutto di castagna;
    anche polenta, castagnacci e lecci,
    son frutto del castagno di montagna.

Il legno di castagno è buon per tutto:
per mobili, per case e per il fuoco,
per legna bianca e per la cellulosa
questa è ricchezza certa, non è poco.

    Sugli Appennini tosco-emiliani,
    vi son vigneti vasti ed oliveti;
    ma la ricchezza ancor se pur minata,
    rimangono pur sempre i castagneti.

Rinascimento

Durante il tempo del Rinascimento
l'Italia dominava nell'Europa;
cultura in quello storico momento,
insieme con la scienza, era italiana.

L'Italia all'avanguardia per cultura,
era nell'arte e la filosofia;
soltanto alcuni nomi di statura,
conferma son di questa verità.

Boccaccio, Leonardo, Raffaello,
Tiziano, Michelangelo e Petrarca,
Savonarola e Dante son cesello
di storica grandezza e realtà.

Gli artisti, pensatori e gli scrittori,
di questa nostra Italia sono tanti;
infuser nell'Europa quei tesori
che base son di nostra civiltà.

Chi può dimenticare Toscanelli?
D'andare in Cina suggerì per l'ovest;
e Bruno, Galileo e Macchiavelli,
non sono forse nomi d'italiani?

Colombo con Vespucci scopritori,
portarono alla luce il nuovo mondo;
l'America con tutti i suoi tesori,
il nome porta ancor d'un italiano.

Firenze è la città dell'universo,
che geni ha dato al mondo giganteschi,
son di portata tutti universali.
Faro di luce ognor Firenze resta.

Francesco Ferrucci

L'episodio di chiara fierezza,
dopo quello di Piero Capponi,
ebbe luogo sui monti toscani,
nella zona vicino a Pistoia.

La città fiorentina d'assedio
cinta fu dal governo di Spagna;
la Repubblica allor di Firenze
coraggiosa difesa affrontò.

Gavinana fu il campo di guerra
sotto gli ordini dei Fiorentini;
un guerriero di forza ed ingegno
per coraggio alla storia passò.

Fu Ferrucci Francesco sul campo
comandante, di puro valore,
gravemente ferito, finito,
dalla spada di un vil traditore.

Il Ferrucci giaceva nel sangue,
solo aiuto sperando e conforto;
Maramaldo l'uccise e Ferrucci
"Vile, uccidi tu un uomo già morto!"

Città di Lucca
Marcello Danesi

Lucca è città d'origine romana;
del fiume Serchio sorge sulla sponda;
nella valletta della Garfagnana
che il Pascoli, poeta, tanto amò.

    Di mura è cinta ancor del Cinquecento,
    magnifici giardini ha sui bastioni;
    lo sguardo ti squaderna in quel momento
    la dolce vision della città.

La chiesa vedi tu di San Martino,
la Piazza larga di Napoleone;
in lucchesia il Monte Pisanino,
che giù lontan si staglia verso il ciel.

    Nella regione, noti son gli artisti;
    poeti son, scrittori e grandi santi;
    non mancano anche a Lucca musicisti,
    Carducci ed il Puccin son nati là.

Abbiamo in Canada Marcel Danesi,
artista, musicista, professore,
tutte le qualità ha dei lucchesi,
terra, sorgente della civiltà.

    Dell'università è un titolare,
    di splendida carriera universale;
    da alunni e da colleghi si fa amare,
    persona è di natura eccezionale.

Carmelitane

Istituto di N.S. del Carmelo — Toscane
Suore missionarie di Santa Teresina del Bambino Gesù — Laziali

Dell'Ordine glorioso del Carmelo
che onora con amore la Madonna
fiorite son profumano di cielo
anime elette per la santità.

> C'è sul Carmelo varietà di rose
> con spine acute dal profumo intenso;
> son simbol di tristezza, pene ascose
> che rendon più evidente la virtù.

Un giorno dal Carmelo i Mussulmani
cacciaron dai conventi i religiosi;
dispersi furono i carmelitani
fidando sol nel nome di Gesù.

> Maria restò con lor Madre divina;
> difese, li protesse con vigore;
> partiti dalla terra palestina
> l'Ordine uniersale diventò.

Con San Simon, Giovanni della Croce,
Santa Teresa e Santa Teresina,
seguono a schiere la martena voce
della beata Madre di Gesù.

> Un Istituto in terra di Toscana
> Madre Maria Teresa di Gesù
> lo consacrò del cielo alla sovrana
> nostra Signora piena di virtù.

E presso Roma in santa Marinella
di suore missionarie un istituto;
ha santa Teresina per modello
guida è Maria, regina d'umiltà.

> Rampolli son che parlano di cielo
> che nel servizio portano al Signore
> della Madonna figlie del Carmelo
> anime elette son di santità.

Cattedrale di Assisi

Umbria

L'Umbria è piccola regione,
dell'Italia è cuore e vita;
sotto un manto verde cupo
ha vitalità infinita.

    Monti e colli e dolci valli,
    conche verdi di Spoleto,
    del Ternano e Trasimeno,
    fanno il paesaggio lieto.

Le campagne popolate
son di bianchi casolari
lungo il corso dei sentieri
son degli alberi i filari.

    Giù dai monti e ameni colli,
    scaturiscono sorgenti,
    nelle valli, d'acqua limpida,
    per i campi e per gli armenti.

Alle fonti del Clitunno
sacra ancora è l'atmosfera;
si respira pace arcana,
dolce è invito alla preghiera.

    Umbria piccola sei grande,
    sei di santi culla d'oro;
    dell'Italia e della chiesa,
    baluardo sei tesoro.

Personaggi dell'Umbria

Come da terra fertile dei figli,
son nati, personaggi della storia;
Gattamelata, Braccio di Montone,
col Perugino son dell'Umbria gloria.

Ma i figli ancor più grandi sono i Santi:
San Benedetto, luce delle genti;
e San Francesco un serafin d'amore,
benefattori in tutti i continenti.

Pilastri sono forza universale,
non solo per la loro vita santa,
ma per l'amore a Dio ed ai fratelli,
di lor la Chiesa e il mondo ognor si vanta.

San Benedetto scrisse: "Ora et labora"
e San Francesco col suo "Pace e bene"
nell'Umbria nati furon l'aurora
motrice forza per l'umanità.

Terremoto nell'Umbria
(Settembre 1997)

Umbria sei bella e piccola, divina,
sei grande tu nell'arte e nella storia;
gli Etruschi e Roma antica coi tuoi santi,
cantano al mondo intero la tua gloria.

> Le valli, i colli, i monti e la pianura,
> col verde manto dei boschetti ameni,
> con le sorgenti pure e cristalline,
> fanno i tuoi figli semplici e sereni.

Il cuore sei d'Italia, sei del mondo,
di Cristo il gran messaggio della vita,
pronta accogliesti nel romano impero,
con ansietà gioiosa ed infinita.

> Quei semi negli albor di tristi eventi,
> divennero giganti, alberi in fiore;
> da Norcia un figlio tuo, Benedetto,
> dei barbari frenò, domò il furore.

Assisi fu per l'usignol di Dio,
la culla del divino e dell'umano;
là nacque con Francesco e per il mondo,
l'Ordine universale francescano.

> Da Cascia, Santa Rita, del perdono,
> esempio diede a tutti colle rose;
> la speme fu certezza nel Signore,
> in mezzo a tante spine e pene ascose.

Dell'arte sono nati in te gioielli,
conventi per lo studio e la preghiera;
d'incontro centri con il cuor di Dio,
come cerchi concentrici raggiera.

> Ed ora il terremoto ha raso al suolo,
> o lesionato tutto con furore;
> ma l'Umbria ha fede è sempre pien di vita:
> ritornerà a fiorir nel suo splendore.

San Francesco d'Assisi

Anche alla San Wilfredo un monumento
di San Francesco fa luce corona
è un santo universale, conosciuto,
un santo caro al cuor d'ogni persona.

Nell'universo è grande, un usignolo,
che al cielo eleva un cantico divino;
con la serenità della sua vita,
a tutti aiuto porge nel cammino.

È semplice, felice, intelligente,
di Cristo innamorato e dei fratelli;
il mondo ha trasformato con l'amore,
con Dio nel cuor per lui sono gioielli.

Mondana ha disprezzato la ricchezza,
la povertà sposata ha nel dolore;
la vita ha consacrata pei fratelli,
sotto la guida solo del Signore.

Lo spirito scoperto nel vangelo,
novello impulso è per la santità;
con Dante e San Tommaso per la chiesa;
egli è un pilastro della civiltà.

È presso lo zampillo: ha braccia aperte;
invita tutti al cuore del Signore,
la vita di Francesco al mondo intero
sarà per sempre il faro dell'amore.

Il lupo di Gubbio

Assorto in Dio, in umile preghiera,
girava san Francesco in quel di Gubbio;
fu scosso dal silenzio impressionante,
e la sua mente presa fu da un dubbio.

Non c'era gente in giro per la strada,
regnava un senso greve di paura;
entrò nella città Padre Francesco,
s'accorse che incombeva una sventura.

Apparve alla finestra una fanciulla:
aveva il pianto in gola e il volto cupo;
poi con filo flebile di voce:
"Padre" disse "scappa viene il lupo".

Dal bosco proveniente giù correva,
feroce belva contro il padre amato;
Francesco, non tremò fissò la belva,
e il lupo immantinente fu domato.

La pace tornò allora in ogni casa:
il lupo come mite pecorella,
seguiva San Francesco in ogni luogo;
tornò il sereno a Gubbio come stella.

Vi sono ancora lupi sulla terra?
feroci son, crudel,i sono in tanti!
sono diffusi ovunque tra le genti,
protetti dalla legge, son briganti.

Perugina

C'è nell'Umbria molto cara,
un'industria perugina:
fanno dolci pei ghiottoni,
ruba il cuor d'ogni bambina.

È una industria molto nota,
anche in terra americana;
ricordata è ricercata,
essa è un bacio all'italiana

Questa fabbrica produce
caramelle e torroncini,
uova e dolci per la Pasqua
con squisiti bocconcini.

Negli impianti Perugina
molta gente vi lavora,
impiegati e macchinari
sono attivi e di buon'ora.

La famiglia Buitoni
come nobie regina
dall'industria dolciaria
manda baci Perugina.

Abbazia di Montecassino

Lazio

Il Lazio ha Roma come capoluogo,
in Roma che d'Italia è capitale;
la sede c'è del Papa e della Chiesa
di nostra religione universale.

Roma nacque sul colle Palatino,
lungo le sponde dell'amato fiume;
con Alba Longa venne in lotta estrema,
e dagli Etruschi ereditò il costume.

In leggendarie lotte con gli Etruschi,
ad essi tolse l'intima importanza;
d'allora in poi persero il potere,
Roma guidò le genti in esultanza.

Roma portò nel mondo la potenza,
con essa anche la civiltà latina;
la lingua laziale nell'Impero
passò all'umanità: lingua divina.

San Pietro venne al mondo come faro
della novella buona messaggero;
la chiesa egli fondò di Cristo amore,
nel vasto immenso universale Impero.

Venne perseguitato, crocifisso,
col capo in giù sul colle Vaticano;
Vicario di Gesù, martire illustre,
maestro e guida al popolo cristiano.

Col crollo dell'Impero amcor da Roma,
al regno della forza e del timore,
s'irradiò sul mondo tutto intero,
il Regno della pace e dell'amore.

Panorama laziale

Partendo dai confini di Toscana,
Viterbo noterai città tranquilla;
lungo le falde sorge dei Cimini,
con aria pura e nobili castelli.

Riete tu vedrai tra le montagne
sulla ridente conca Reatina;
Fonte, Colombo, Greggio, altri villaggi,
che a San Francesco son cari e divini.

Nell'Agro verdeggiante del Pontino
sorge Latina un centro assai moderno;
s'ammira l'Abbazia di Fossanova,
presso la cittadina di Priverno.

Guardiamo la città di Frosinone,
antica, spesse volte depredata;
gode d'un panorama vario estroso,
da pini, piani e monti è circondata.

Questa provincia è detta "Ciociaria"
da ciocia, a doppia suola, calzatura;
Montecassino, Sora e Casamari
le danno onore e civiltà sicura.

Nel Lazio c'è la storia, c'è grandezza,
c'è l'arte antica insieme alla moderna;
c'è vita c'è cultura universale,
c'è Roma che sul mondo ancor governa.

Il Tevere

Il Tever dell'Italia è il terzo fiume,
al Po soltanto e all'Adige è inferiore;
il cuore è stato del Romano Impero,
la gloria ha condiviso ed il dolore.

    Viene alla luce in terra di Toscana,
    corre attraverso l'Umbria verdeggiante
    nel Lazio irrompe prepotente e forte,
    talvolta calmo avanza ed ansimante.

Presso Orte allarga il corso, accoglie il Nera,
nutrito in abbondanza dal Velino;
così arricchito il Tevere esultante,
prosegue spumeggiante il suo cammino.

    Al Ponte, poi, Salario ingrossa ancora,
    l'Aniene pien di spume ed esultanza,
    di Tivoli, formate le cascate,
    nel Tevere si getta con baldanza.

Sorgeva sulle sponde per incanto,
un villaggetto la futura Roma;
di Cesari e di Papi il grande impero,
qui nacque e dolcemente ancora doma.

    Da Roma al mare il Tevere s'indugia
    con un tortuoso e magico cammino,
    nostalgico, sognando il suo passato,
    col cruccio capriccioso d'un bambino.

Nell'ermo Canneto

O Madonna, nell'ermo Canneto,
ogni figlio vicino e lontano,
ami tutti con cuore sincero,
porgi a noi, o Maria, la mano.

> Balza in petto Madonna il tuo cuore,
> è soave il sorriso di mamma,
> quando vedi il ritorno dei figli,
> brucia ardente l'amor come fiamma.

Tra le braccia ci stringi amorosa,
tu ci parli con dolci parole,
sono tutte velate di pianto,
sono perle fulgenti nel sole.

> O Madonna l'incanto di mamma,
> tu ci mostri sul candido viso,
> e l'aiuto potente divino,
> tu ci porgi col tuo sorriso.

O Maria, nell'ermo Canneto,
da quei monti e da valli scoscese,
dal tuo trono raggiante di luce,
benedici anche questo paese.

> O Madonna, dei monti sei stella,
> ti preghiamo nel nostro dolore,
> pei tuoi figli vicini e lontani,
> pace implora da Cristo Signore.

Missionari ciociari

Umili, intelligenti e tutto cuore
d'umore gioviale anche divino,
un giorno non lontano in questa terra,
dalla città arrivaron di Cassino.

Non vennero a Toronto per danzare,
per lavorare venner con amore,
il seme per diffondere del vero,
per proclamar la gioia del Signore.

Hanno di San Francesco l'allegria,
quella fraterna gioia francescana;
s'impegnano con carità infinita,
con la semplicità divina e umana.

Entrambi sono della Ciociaria,
della provincia son di Frosinone,
nei pressi è nato ognuno di Cassino,
I padri Nardoianni ed il Nardone.

Seguaci son dell'usignol di Dio,
ardenti figli sono francescani
pastori son di chiese molto note
con tanti, molti figli d'italiani.

Gino Carinci è un missionario esperto;
di Sant'Alfonso è uscito dalla scuola,
conosce della vita anche il dolore
la sua parola illumina e consola.

Dalla provincia vien di Frosinone
è popolare un gran predicatore;
il suo ministero è ricordato
il suo parlar sincer nasce dal cuore.

Padre Gianni Carparelli

Un angelo disceso sei dal cielo,
o Padre Gianni con aspetto umano;
la gioventù ferita, col tuo zelo,
salvar potrai da buon samaritano.

    La strada della vita è luminosa,
    è fiancheggiata tutto da foresta;
    c'è moto e canto, è pavesata, ombrosa:
    c'è varietà, frastuon, sembra una festa.

I giovani felici in apparenza,
vittime prime son di mestatori;
la droga è propinata come essenza
della felicità da spacciatori.

    Crescono i furti, muore all'improvviso
    gente dovunque senza amore e cura,
    manca la pace non c'è più sorriso,
    regna sovrana solo la paura.

Chi mai potrà curare questo morbo?
leviti d'ogni credo e d'ogni emblema?
forse il governo? spesso è sordo ed orbo.
Chi mai potrà affrontar questo problema?

    Madre Teresa in India là in Calcutta,
    portò sollievo a tanti suoi fratelli;
    Toronto per te un dì spera distrutta,
    questa sciagura, o padre Carparelli.

Al grido "Dio lo vuole!" Pier l'Ermita,
il San Sepolcro liberò lontano,
come Gesù, dei giovani la vita,
o Padre, salva, o buon samaritano.

Missionari del Preziosissimo Sangue

Albano Laziale, presso Roma,
fu centro di novella fioritura;
San Gaspare con fede si propose
la gente liberar dalla paura.

       Erano i tempi dei moti francesi:
       sarcasmo allor regnava verso Dio.
       Massonici governi e pseudo dotti,
       la religion volevan nell'oblio.

Il popol della fede derubato,
insidiato era dal brigandaggio;
non c'era sicurezza nelle case
viveva nel timore ogni villaggio.

       San Gaspare pregò, agì di cuore,
       alzò senza timore la sua voce:
       ridare ancor salvezza a quella gente,
       nel sangue prezioso della croce.

Missioni organizzò con un drappello,
di missionari santi e pien d'ardore;
la fede risvegliò, tornò la vita,
la gioia del Signor regnò nel cuore.

       Nell'ottocentoquindici da Roma,
       d'intesa col pontefice romano,
       i figli di San Gaspare portaron
       salvifico il messaggio cristiano.

Anche in Toronto portator di vita,
tra gli italiani messagger d'amore,
i missionar d'Albano Laziale,
sono gli arditi araldi del Signore.

Gino Cucchi

Al tempo dei Romani in quella zona
tra i Marsi nella valle del Comino,
lotte accanite furon combattute,
del mondo forgiò Roma il gran destino.

    Dopo vicende alterne fu romana
    la vasta zona e tutti gli abitanti;
    le sorti condivisero con Roma
    nelle legion soldati e comandanti.

Non sono d'Amiterno i personaggi:
Sallustio ed Appio Claudio il gran censore
e santa Restituta ed il Baronio
non son di Sora e della zona onore?

    La storia antica è cosa ormai passata;
    la vita nostra è quella d'ogni giorno;
    anche da San Donato il nostro Gino
    ha scelto il Canada per suo soggiorno.

Come un romano antico senatore
Gino è tenace in terra canadese;
promuove iniziative coraggiose
con tutti è sempre affabile e cortese.

    L'emporio egli ha creato dei vestiti;
    lavora con ardore in ogni istante;
    di Gino Cucchi orgoglio è il monumento
    in quello di St. Clair all'emigrante.

Sora e Leonardo Cianfarani

Sora città vetusta come Roma,
a Roma donò illustri personaggi;
Agrippa, Caio Mario e Cicerone,
di Sora nacquer tutti nei paraggi.

Uomo di vasto ingegno Marco Agrippa,
sposò la figlia dell'imperatore;
come ammiraglio del romano impero,
punì i pirati sempre con rigore.

Di Cesare fu Mario, il grande zio.
Roma salvò dai Cimbri là in Vercelli;
fu console fu guida del fanciullo,
e grande strage fece dei ribelli.

Fu Tullio Cicerone, l'arpinate,
un avvocato e grande pensatore;
nella latinità non ce n'è uguale,
tra gli avvocati eccelle, è un oratore.

Tommaso, il santo, il dotto, l'aquinate,
nei cieli azzurri come aquila vola;
il cardinal Baromio con gli Annali,
con la cultura insegna, egli fa scuola.

All'estero fu il vescovo Rosati,
per Sora nell'America fulgore;
don Gaetano Squilla è ben amato
di Sora è l'usignolo, il suo cantore.

Partiti sono molti dei sorani,
Sora lasciando con tristezza e pianto,
l'amico Leonardo Cianfarani
con altri insieme son di Sora il vanto.

Pesaro. Fontana

Le Marche

La regione marchigiana,
varia è molto, pittoresca,
vi son monti e sono colli
corsi d'acqua in quantità.

Nelle valli principali,
vedi qualche villaggetto;
son di pietre quelle case,
regna molta povertà.

Dei Romani la presenza,
è visibile nei ponti;
gli acquedotti e le cisterne,
parlan dell'antichità.

Ricca è tutta la regione
di ricordi e monumenti;
religiosi e d'ogni evento,
nei paesi e le città.

Montefeltro fu in Urbino,
Malatesta regnò a Fano,
nelle Marche c'è la storia,
la regione ha civiltà.

Sguardo dall'alto

Città e villaggi ameni, marchigiani,
sono su monti e valli scaglionati;
son ricchi di cultura e per la storia
dell'arte, sono centri rinomati.

C'è la città d'Ancona là sul mare,
emporio essa è di navi commerciali;
l'anfiteatro antico dei Romani
e l'Arco di Traiano originali.

Sul colle Guasco sorge il grande duomo
d'Italia è fra le chiese molto belle
vi son molti palazzi in mezzo al centro
c'è la fontana ricca di cannelle.

Tra i principali centri c'è Fabriano
famoso della carta per la storia
Castelfidardo per la fisarmonica
d'Ancona e delle Marche sono gloria.

A Jesi nella valle dell'Esino
vi nacque Federico Imperatore
Il grande musicista Pergolesi
con l'arte Jesi ammanta di splendore.

Loreto stella della religione
è delle Marche il palpito di vita
con Senigallia, Arcevia e Chiravalle
un'aura spira semplice infinita.

Son le province Ancona e Macerata
Ascoli antica Pesaro ed Urbino
memorie d'una storia e monumenti
d'un plastico splendor tutto divino.

Nasce la fisarmonica

Castelfidardo e Cameran d'Ancona
paesi sopra i colli marchigiani;
son semplici, ti sembrano dipinti
di verde e azzurro, da celesti mani.

Qui nasce lo strumento delicato,
la fisarmonica, armonia del mondo,
ti porta note limpide e soavi,
e il cuor di tanta gente fa giocondo.

Se in questi luoghi speri di sentire
tocchi gentil, felici di vibrare,
più facile è per te di percepire
il gran fragor dell'onde giù dal mare.

Nasce la fisarmonica in silenzio,
nei pianterren di case, in officina;
la gente vi lavora appassionata,
flebile voce sembra di bambina.

Passando per le strade a tutte l'ore,
suoni sospesi in aria puoi sentire;
la nota si ripete e poi vanisce,
forma una scala dolce per salire.

È della fisarmonica il vagito,
questo congegno dell'ingegno umano,
poi come un'onda in aria si diffonde,
la voce prende il volo e va lontano.

Questo strumento allegro e delicato,
gioia e conforto porta ai cuori umani,
fresco, lucente, invade tutto il mondo,
nato è sui monti e colli marchigiani.

Personaggi marchigiani
Ontario Sarracino

Bramante, l'architetto di San Pietro,
nacque ad Urbino ed eseguì progetti;
famosi son nel mondo e son modelli
son meraviglie studi d'architetti.

Fu Raffaello figlio anche d'Urbino
artista di lavori delicati;
dipinse la Madonna col fanciullo
lasciò capolavori rinomati.

Anche il Rossini nacque nelle Marche
compositor di musica sovrana
ripieno è il mondo delle melodie
dell'arte sua divina e insieme umana.

Chi Recanati mai non ha sentito?
di Leopardi è patria il gran poeta;
poeta universale e malinconico
un'anima gentile ed inquieta.

Le Marche come scrigno di gioielli,
hanno una storia antica, secolare;
di lacrime e di sangue i suoi castelli
parlan da soli, giù, dai monti al mare.

Esistono in Toronto marchigiani
venuti qui emigrati dopo guerra;
hanno con sé portato ogni costume
a loro caro della propria terra.

Chi non conosce Ontario Sarracino?
Amico egli è sincero e molto umano
parla con calma come a te vicino
è un personaggio un vero marchigiano.

Casetta di Loreto

Come un richiamo ardente di fervore,
dal mondo gente accorre qui a Loreto;
attratta è dalla Madre del Signore
che con amore vuol salute dare.

Non visse la Madonna in Palestina?
e Nazareth non fu il suo luogo santo?
il centro della Trinità divina,
forse quella casetta mai non fu?

Dai musulmani spesso minacciata,
dagli Angel con amor fu presa in volo;
nel nostro patrio suolo fu portata,
per esser santuario di Gesù.

Fermata fu nel mezzo d'un laureto
tra lauri di un colore sempre verde,
lo sguardo si distende calmo e lieto
lungo la strada che discende al mare.

Nel cuor della città c'è la chiesetta,
un grande tempio è sorto pel Signore;
quella casetta sempre benedetta,
del grande tempio è come il centro e il cuore.

Nel corso della storia tanta gente,
Loreto ha visitato con amore;
sincero omaggio pien di fede ardente,
espresso hanno alla Madre del Signore.

Coi treni bianchi, ricchi di speranza,
andiamo alla Madonna là in Loreto;
la forza ci darà con l'esultanza,
che renderà il soggiorno nostro lieto.

Passionisti

Dei passionisti il santo fondatore,
San Paolo, l'amante della croce;
di predicare, disse, il crocifisso,
al mondo con l'esempio e con la voce.

    Fedeli all'ideal son conosciuti,
    i figli suoi modelli di fierezza;
    dovunque vanno, in chiesa o sulle piazze,
    di Cristo messagger son di fermezza.

Tra i passionisti, nati son dei santi:
Domenico Barbier che in Inghilterra,
il grande Newman riportò alla chiesa,
e poi San Gabriele angelo in terra.

    Anche in Toronto abbiamo passionisti,
    di Cristo portatori agli emigranti;
    son dotti, competenti, preparati,
    son missionari esperti son zelanti.

Luigi e Tony padri hanno esperienza,
sono col padre Claudio meraviglia,
il padre Gabriele dalla radio
ci fa sentire come di famiglia.

Chiese e palazzi
Padri Nazareno Coccia e Luigi Galanti

Nella terra bagnata dal mare,
nelle Marche baciate dal sole,
tu potrai dovunque notare,
le vestigia di un tempo che fu.

    Tutto parla di Galli e Piceni,
    che vivevano su palafitte,
    son residui d'atri veleni,
    d'una storia con poche virtù.

Vedi segni ti tempi lontani,
sono ponti, teatri e cisterne,
son cultura dei grandi romani,
d'una gloria che torna mai più.

    Sorgon chiese e palazzi eleganti,
    con accanto giardini fioriti,
    oliveti e vigneti e son tanti,
    alle falde dei monti laggiù.

Tutto è caro: il passato e il presente,
nei ricordi tristezza rimane;
genti vedi partir come assente,
verso lande vicine e lontane.

    Molto incerto è d'un giorno il ritorno,
    alla casa paterna degli avi;
    chiese e luoghi nel nuovo soggiorno,
    sol saranno ricordi soavi.

Don Galanti, con don Nazareno,
sacerdoti di mente e di cuore,
come luci di un arcobaleno,
danno loro conforto ed amore.

Parco nazionale

Abruzzo

La Regione dell'Abruzzo
il Molise ha per confine,
ed il mar col grande Lazio
e le Marche son vicine.

Osservando la cartina
noterai molto evidenti
il Gran Sasso e la Maiella
valli e monti risorgenti.

Come tutte le regioni
che s'affacciano sul mare
quella nostra dell'Abruzzo
dolce brezza fa gustare.

La regione dell'Abruzzo
col suo popolo sincero
fu il respiro ed il polmone
del Romano grande Impero.

Tutti sanno d'Appio Claudio,
che di Roma fu censore,
nel periodo più triste
fu di Roma il Salvatore.

In terra d'Abruzzo

È l'universo intero come scala,
che tocca con la punta in alto il cielo;
salire attentamente ogni piolo,
prova è d'amore e sana civiltà.

L'Abruzzo è ricco e pieno di montagne,
di pascoli abbondanti e rigogliosi ;
gli ovini essi curarono e gli armenti,
quegli abitanti e furono pastori.

Nell'ampie valli di quella regione,
dei fiumi in vicinanza e del suo mare,
estesi sono i campi di maggese,
con grande varietà di cereali.

Sui monti non mancò l'isolamento,
la gente intelligente e con amore,
s'industriò con cura e con pazienza:
l'artigianato nacque con vigore.

Le selve dell'Abruzzo, in ogni tempo,
legname hanno fornito, anche pregiato;
per case, ferrovie e per cucina,
legni squisiti e fogli compensati.

Sui colli dolcemente degradanti,
verso la spiaggia dell'azzurro mare,
si stendono vigneti ed oliveti,
bellezza sono col lavoro umano.

Nel mare dei valori della vita
l'Abruzzo sa con forza navigare:
è forte, dignitoso, assai gentile
nei cieli azzurri sale sa volare.

IL *Gran Sasso d'Italia*

Nel cuore dell'Abruzzo, gigantesco,
s'erge il montuoso gruppo del Gran Sasso;
vanta le cime ardite e ben stagliate,
più alte dell'Italia, dopo l'Alpi.

L'aspetto che s'impone è impressionante,
di rocce, baluardi, creste e picchi;
di crepe, di strapiombi è molto vasto
ed un ghiacciaio eterno ancora esiste.

Non è un ghiacciaio delle vette alpine,
di sassi e di terriccio esso è coperto;
questi detriti scendono dall'alto,
perenne esso è il ghiacciaio del Gran Sasso.

Ma il gruppo asconde in fondo nel suo seno
bacini d'acqua dolce, pura e fresca:
è questa del Gran Sasso la natura,
il gran mistero che racchiude in cuore.

Nel gruppo del Gran Sasso c'è grandezza,
l'altezza, che troneggia da regina,
la varietà di cime è la carezza
nello splendore nella vastità.

Il parco nazionale

Il parco nazionale dell'Abruzzo
al Gran Paradiso è sol secondo;
salvar si volle le silvane altezze
e le ricchezze ascose di quel mondo.

Si estende nella zona dentellata
della provincia d'Aquila sui monti;
le verdi valli abbraccia di Barrea,
e del Sangro il bacino e le sue fonti.

Del Meta il Gruppo e la Montagna Grande
col piano forestale marsicano
al nostro vasto Parco Nazionale
città e villaggi porgono una mano.

Le leggi forestali son severe:
del Parco il patrimonio va salvato;
la selva migliorata va protetta;
tutto, la flora e fauna ben curato.

Lussureggianti tratti di faggete
s'alternano con pini assai pregiati,
le varietà di piante verdi e fiori,
fanno le valli e i monti dolci e i prati.

Nel Parco salta l'orso dell'Abruzzo,
la fauna è con piacere interessante;
scorrazzano il camoscio e le marmotta
e molte d'animali specie tante.

Di Ninfe e Scioppalacqua le cascate,
il vasto patrimonio forestale,
degli animali tutti gli esemplari
splendore son del parco nazionale.

La conca aquilana

L'Abruzzo ignora quasi la pianura,
la varietà dei monti è il suo decoro,
ma tra un massiccio e l'altro sopra il mare,
son pianeggianti conche per lavoro.

Zampillano sorgenti cristalline,
son provvidenza, sono fioritura,
salvezza son del popolo abruzzese,
sono la vita dell'agricoltura.

Tra le diverse conche del paese,
quell'aquilana è varia ed attraente.
omaggio è di natura al capoluogo
tra quelle conche amene essa è imponente.

Il fiume Aterno oltre Sella di Corno,
nei secoli ha formato una vallata;
essa è una conca vasta d'acqua ricca,
da monti dentellati circondata.

Schierati sono i monti vigilanti
difesa son delle conche sorelle:
sorridon lacrimando sotto il cielo
pacifiche serene sentinelle.

Gli abitator solerti dell'Abruzzo,
di fronte al grande dono del terreno,
non sono stati in ozio, hanno brillato,
come i colori dell'arcobaleno.

La conca qui ricambia in abbondanza,
con l'energia, frutti e zafferano,
altri prodotti, come un grato omaggio,
al forte e gentil popolo aquilano.

Bacini artificiali

Il popolo d'Abruzzo è sorprendente,
s'allea alla natura con ardore;
l'acqua scrosciante di torrenti imbriglia,
bacini forma e laghi con stupore.

Erette sono state di recente,
le salde dighe in quel di Campotosto;
è nato un lago d'acque convogliate,
che mettono il lavoro al primo posto.

Chi visitar desidera quel lago,
formato da sorgenti del Vomano,
seguire può la strada che dall'Aquila
raggiunge Campotosto su nel piano.

Nel Parco c'è il laghetto di Barrea,
del Sangro le sorgenti l'han creato;
il fiume s'inabissa qui veloce,
nel suggestivo baratro ombreggiato.

Barrea su dall'alto della diga,
a picco guarda il lago dal castello;
con l'agil torri a forma di cilindro
sull'acqua si protende come ombrello.

Di Pietraferrazzana la borgata,
del Sangro guarda il lago con amore,
della Maiella il gruppo su dall'alto,
domina il lago e quella valle in fiore.

Queste riserve d'acqua son sorgenti,
aiuto sono per l'agricoltura,
son fonte d'energia e son sapienti
dell'uom contatti con madre natura.

Tratturi abruzzesi

Nostalgico è il ricordo dei tratturi,
la vita sono stati del pastore,
nutriti hanno con l'erba mille greggi,
bagnata molto spesso di sudore.

    Il centro propulsore era l'Abruzzo,
    gli stazzi, luoghi grandi di convegno,
    s'organizzava tutto con chiarezza,
    con accortezza saggia e con impegno.

Immagino i pastori in questi stazzi,
la cura avevan della transumanza:
le greggi per loro erano la vita,
ricchezza e pane, l'unica speranza.

    Salivano d'estate alla montagna
    per pascoli ubertosi alla pastura;
    d'inverno invece all'agro, al Tavoliere,
    in posti larghi giù nella pianura.

Tratturi verdeggianti, fiumi erbosi,
come romane vie consolari,
venivano forniti di riposi,
intorno a pozzi ed a ruscelli chiari.

    Tempo di libertà, semplice e cara,
    vita d'amor tra i greggi ed i pastori,
    quel popolo di greggi e di tratturi,
    un popolo sembrava di signori.

Gli stazzi e tutti i posti di riposo,
finiti sono insieme coi tratturi;
l'Abruzzo e i nostri tempi son cambiati,
nostalgici sono ora e meno duri.

    Per il Natale Roma e il Tavoliere,
    pastori dell'Abruzzo per la via,
    vedono con costumi e la zampogna
    suonar col cuore pien di nostalgia.

Nostalgici tratturi

Un triste giorno sarà quel giorno triste,
quando per pochi metri allor di terra,
saranno eliminati dei tratturi,
con una silenziosa, atroce guerra.

Distrutta sarà allor la transumanza,
quel nastro verde lungo del tratturo;
i pascoli d'Abruzzo e del Molise,
un vuoto resterà, vuoto sicuro.

Forse fra qualche tempo dei tratturi,
solo un ricordo resterà alla gente;
dei greggi del passaggio della vita,
sarà leggenda agreste e poi più niente.

Nei libri di romanzi, forse ancora,
si scriverà di vita pastorale;
di quella vita semplice e di stenti,
di poesia ricca e sempre uguale.

Saremo noi moderni a dar l'addio,
in tempo di progresso e di splendore,
a questo mondo pien di nostalgia,
che nell'oblio si perde e nel dolore?

Molise e Abruzzo zone di tratturi,
fiumi di verde greggi e di pastori;
con l'Agro laziale e il Tavoliere,
la storia resterà nei vostri cuori.

Padre Celestino Canzio

Vien dall'Abruzzo il padre Celestino,
da quella gente intelligente e forte;
il germe nacque là del suo cammino:
col suo Gesù Signore, in vita e in morte.

    Fanciullo seguì il capitano scalzo,
    il saio egli indossò di francescano;
    salì nella virtù di balzo in balzo,
    ministro diventò e andò lontano.

Lo zelo divampante nel suo cuore,
come scintilla d'una fiamma ardente,
lo oncoraggiò nel giovanile ardore,
l'alme a salvar nel nuovo continente.

    Un giorno il padre Celestino quel paese,
    delle civili lotte nel furore
    lasciò, venne qui in terra canadese,
    tra gente bisognosa d'un pastore.

San Giuda è il nuovo campo di lavoro:
assiste gli spagnoli e gli italiani;
felici son gli inglesi: anche per loro,
fioriscono i valor divini e umani.

    Il padre Celestino è un personaggio
    di gran semplicità, di gentilezza;
    con lui tu puoi gustare come un raggio
    dell'ospitalità quasi una brezza.

Gino Ventresca

D'intelligenza aperta e di cultura,
un giovane aitante e battagliero,
veniva dall'Abruzzo in questa terra,
di fede ardente, saldo e molto fiero.

Gino Ventresca, un giovane d'ingegno,
s'impossessò ben presto dell'inglese.
Agli immigrati ignari della lingua,
Gino d'aiuto fu, guida cortese.

Fondò di viaggi nota un'agenzia,
che ispira gran fiducia ai passeggeri.
Gino Ventresca è come di famiglia
conosce a meraviglia I suoi doveri.

L'attività sportiva amò di cuore,
la società civile in ogni evento
lo vide competente promotore
con tutti è di valor, sempre contento.

L'Abruzzo ha personaggi di statura
che fanno onore al mondo canadese;
Gino Ventresca è un figlio più eloquente
che meglio rappresenta il suo paese.

Laureano Leone

Sui monti degli Abruzzi, c'è un paese,
appollaiato sorge, Roccapia;
forte e gentile, gente assai cortese,
là vive attiva in pace e sobrietà.

Quando la neve scende e col suo manto
bianco lenzuolo stende, è lungo, inverno.
S'alterna allora la preghiera al canto
raccolti, a sera, intorno al focolar.

La gioventù fremente va lontano
cercando d'approdare ad altri lidi,
anche i Leone insieme a Laureano
lasciaron Roccapia con dolore.

Con cuore e mente pieni d'ambizione,
in terra nuova, ricca di speranza,
Laurean con forza da leone,
dottor Leone presto diventò.

Leone è un nome amico, è conosciuto,
nella comunità molto apprezzato,
ha serietà e rispetto, è risaputo,
egli è al servizio della società.

È fondator d'aziende, e del Congresso
per molto tempo fu solerte guida;
è stato in parlamento, che progresso!
rappresentato ha la comunità.

Ed or Leone è console in Sulmona,
è parte del governo canadese,
degli italiani serve ogni persona
con gentilezza e con cordialità.

Alberto Di Giovanni

Alberto Di Giovanni è dell'Abruzzo.
In giovanile età lasciò il paese;
brandì la face di "Scuola e Cultura"
nella fiorente terra canadese.

    Audace, intelligente e di coraggio,
    in ogni campo è chiaro ed è un ardito;
    non c'è difficoltà che non sormonti:
    il Di Giovanni non s'è mai smarrito.

Cresciuto nell'Abruzzo, antico e forte,
porta la gentilezza di sua terra;
chiarezza dio principi è la sua forza,
che lo sostiene ovunque in pace e in guerra.

    La sua è guerra santa, di cultura,
    che illumina le menti con la scuola;
    che gli orizzonti schiude agli studenti;
    Alberto è un personaggio di parola.

Nei vasti suoi programmi include tutto:
c'è storia, lingua, scambio culturale;
c'è conoscenza e amor per l'italiano,
vasto è un bagaglio e tutto è originale.

    L'augurio è che continui il suo lavoro,
    pel Canada e l'Italia per tanti anni,
    tutti ricorderanno grati e fieri
    il direttore Alberto Di Giovanni.

Agnone. Città delle campane. Un ramaio al lavoro

Il Molise

La regione Molisana
dell'Italia essa è centrale;
la sua storia è ricca, antica,
è una storia assai lontana.

Il suo tratto lungo il mare,
non presenta insenatura;
è piuttosto breve e basso,
non ha porti di natura.

L'entroterra è poi montuoso:
c'è il Matese coi Frentani,
i Monti Alti dei Sanniti
son rilievi molisani.

Corsi d'acqua numerosi
corron poco nel Molise;
il Volturno nel Tirreno
sbocca e mostra il suo sorriso.

Gli abitanti del Molise,
nell'impero dei Romani,
quando giunse la "Novella",
furon tutti cristiani.

Rilievi molisani

Il suolo scabro e duro del Molise
è fatto essenzialmente di montagne;
nell'aspro paesaggio poco verdi
sono le cime brulle, calve e nude.

Tra frane e tra burroni molto avara,
la zona appare d'alberi e di fiori;
nel basso poi l'asprezza s'arrotonda
in dolci colli pieni di splendore.

Tra frane e tra burroni arrampicati,
pascoli vedi e campi ben tenuti;
son coltivati a braccia, con pazienza,
ti guardano dall'alto come muti.

La pietra abbonda sempre e in ogni forma:
ciottoli levigati nei torrenti,
scabre scaglie in terra coltivata,
di pietre son le strade mulattiere.

I piccoli poderi contornati
sono da muri a secco ben precisi;
raccolti son le pietre in mezzo ai campi,
per fare un posto al piccolo maggese.

Le strade di campagna del Molise,
sparse di pietre, son rivi biancastri,
di more son, tra siepi, e di lentisco,
e da ferrati zoccoli percorse.

Udir potrai stridenti ferri e chiodi,
tu scendere e salir l'erta montana,
su strade storte, ripide e scoscese,
della campagna avara molisana.

Campane di Agnone

Svettanti campanili nell'azzurro,
trasmettono concerti in tutte l'ore;
serena pace portano nel cuore,
con nostalgia e un senso di bontà.

Concerti son di note sincopate:
dai monti si diffondono alle valli,
come intrecciati tocchi di cristalli,
s'allargano con l'eco del piacere.

Sono argentine voci di campane,
campane fuse in terra del Molise;
Agnone è la città dove sorrise,
un raggio di armonia e di umiltà.

Altro concerto ascolti di botteghe,
che nasce dal martello del lavoro:
son fabbri, son ramai, che il tesoro
dell'arte attenti esprimono dal cuore.

Anche gli orafi immersi con amore,
in quel lavoro d'arte di pazienza,
producon di bellezza e trasparenza
opere d'arte, vere rarità.

Campane armoniose sotto i cieli,
tesori d'arte espressi anche con l'oro,
d'Agnone son l'orgoglio ed il decoro,
scintille son della divinità.

Famosa è conosciuta tra le genti,
Agnone la città delle campane;
è perla tra le perle molisane,
dispensatrice è di serenità.

Mainarde del Molise

Nello scenario delle Mainarde,
in quel di Campobasso nel Molise,
spettacol vedi verde, luminoso,
della natura gusti il suo sorriso.

Nell'ampie sue vallate puoi vedere,
villaggi nascer, crescere in pianure;
si fondono, armonizzan e di lontano,
se visti, son paesi in miniatura.

Presenta il paesaggio come argento,
tonalità di verde, ricca oscura,
risuona di belati e di campani,
d'armenti e greggi là per la pastura.

Le mandrie con le greggi che tu vedi,
ti danno l'illusione d'altri tempi:
d'epoche non ancor contaminate,
dalla febbrile vita della gente.

Zone boscose ammantano le valli,
le praterie abbondano d'erbaggi;
con prodigalità danno alle greggi,
asilo e pasto ed erbe da foraggio.

Limpide scorron l'acque di sorgenti,
per tutti sono ambito un gran ristoro;
le Mainarde son di pastorizia
un fertile scenario di lavoro.

Il panorama delle Mainarde
t'ispira calmo, verde, luminoso;
se scendi nelle valli tra gli armenti,
offrirti può riposo generoso.

La Madonna delle Grazie

In un villaggio ameno di Boiano,
Civita Superiore esso è chiamato,
il popolo è devoto, innamorato,
della Madonna, Madre di Gesù.

Ogni anno la festeggia con affetto,
di grazie questa mamma non è avara;
per lei ogni persona è molto cara,
redenta fu dal cuore di Gesù.

Di Civita la gente, una famiglia,
formava nella pace e nell'amore;
la gioia era comune ed il dolore,
con mamma c'era la felicità.

Un giorno quel villaggio nel Molise,
partir vide i suoi figli andar lontano;
si spopolò quel centro molisano,
sembrò smarrito nella società.

Non fu per lungo tempo molto solo,
quel popolo immigrato andò da mamma;
s'accese in tutti i cuori quella fiamma,
di luce di speranza e immenso amore.

Jannetta Filiberto, qui in Toronto,
i figli radunò di quel villaggio;
organizzò la gente e un grande omaggio,
offerto fu alla mamma di Gesù.

Ogni anno, qui in Toronto, la Madonna,
in questa vasta terra canadese
il popolo emigrato civitese,
onora la Regina d'umiltà.

Padre Perrella

Da Monteverde venne, di Boiano,
Padre Perrella in terra canadese;
portò l'aria sana del Molise,
la fede genuina del paese.

In San Nicola il primo ministero
esercitò in mezzo agli italiani;
l'inglese egli affrontò con cuor deciso:
fermezza e qualità dei molisani.

In sant'Ambrogio fu zelante e pio,
ricordo imperituro è tra la gente;
la sua schiettezza libera e costante,
dell'amicizia è base permanente.

All'aeroporto in quella chiesa santa,
il nostro don Michele si è impegnato;
dovunque egli è passato è con piacere,
il Padre don Perrella ricordato.

In san Patrizio in Bolton è ancor vivo,
in san Roberto il suo lavor sincero;
è palpitante di rispetto e onore,
c'è stima, c'è l'amor non è mistero.

Ma don Michele pensa al suo paese,
al suo Molise verde, al suo Boiano;
lo sogna mentre è intento al suo dovere
sospira spesso il cielo molisano.

Signora Concetta Patullo

Da Boiano regione Molise,
con la guida di mamma Concetta,
la famiglia Patullo decise
di lasciare la patria diletta.

Dignitosa e solenne è la mamma,
come antica matrona romana,
brucia in cuore d'amore una fiamma,
un modello è di vita cristiana.

Resa priva del caro consorte,
era ancora una vedova in fiore;
con amore abbracciò la sua sorte,
educando i suoi figli all'onore.

La cultura e l'amore di Dio,
dei fratelli e la fuga dal male,
di Concetta fu il grande desio,
nei suoi figli il divino ideale.

Come l'api con l'ape regina,
per il nettare vanno lontano,
i Patullo, con mamma vicina,
tutti insieme lasciaron Boiano.

In Toronto, irruente vulcano,
l'energie che esplosero in pieno,
scintillarono su vasto piano,
coi colori dell'arco baleno.

Nell'industria come aquila vola,
dei Patullo ora il nome d'onore;
questa mamma nel cuor si consola:
è felice, ringrazia il Signore.

Carmine Colacci

Dell'"Alta Moda" artista e direttore,
è Carmine Colacci di Boiano,
ne è proprietario attivo e pien d'umore,
un degno e grande figlio molisano.

Quand'era adolescente, doposcuola,
faceva sopra i monti il pastorello;
sognava un ideale nella vita,
un sogno luminoso d'un castello.

Ancora giovinetto, sedicenne,
lasciò la patria cara il suo paese;
partì col cuore pieno di speranze,
e venne in questa terra canadese.

Carmine esplose allor come un vulcano
dai nonni fu guidato nel dovere;
l'azienda che fondò prospera e vola,
e nell'industria Carmine è un alfiere.

Franca sposò, la figlia di Gagliano;
i figli nati, sei, sono un amore;
con la San Joseph regna un'armonia
in casa c'è la pace c'è il Signore.

Civita di Boiano la Madonna,
onora con amore e fede ardente;
ora, del comitato qui in Toronto,
Carmine ne è il nuovo presidente.

Quel pastorello, un giorno sognatore,
dei monti e le campagne di Boiano,
l'Italia onora in terra canadese,
illustre è unpersonaggio molisano.

Pasquale Di Biase e famiglia

Francesco Di Biase, in Vinchiaturo,
viveva con Teresa la sua sposa;
avevan la famiglia con due figli
in questa tgerra poco generosa.

Il padre lasciò un giorno la sua sasa
e venne in Canada terra lontana;
Pasquale con la mamma ed Antonella
rimase ancora in patria molisana

Sei anni essi passarono divisi;
partirono, lasciarono il paese;
Michele, un altro figlio alla famiglia
nacque nel nuovo mondo canadese.

Viaggiò Pasquale ovunque pel progresso,
tutto egli osò per dare al suo futuro
serenità, respir con confidenza
con un lavoro stabile, sicuro.

Il Di Biase era un giovane attivo,
dinamico, ambizioso, intraprendente;
l'azienda che fondò prova è lampante,
fiorisce e dà lavoro a tanta gente.

Della famiglia figli son venuti:
Anna a Pasquale ha dato bimbi d'oro;
Teresa è già sposata e Franco e Dante,
dei Di Biase sono il gran tesoro.

Vincenzo Pulla

Partito dall'Italia, dal Molise,
da quel villaggio ameno Limosano;
erano i tempi tristi dopoguerra,
nella gran massa un giovane italiano.

Vincenzo Pulla pieno di vigore,
lasciò la patria avita, il suo paese;
col cuore gonfio di speranza audace,
raggiunse questa terra canadese.

Ogni emigrato è sempre un coraggioso,
non bada al sacrificio nel lavoro;
Vincenzo si tuffò con la famiglia,
nella ricerca ardita d'un tesoro.

Con passo un poco lento, ma sicuro:
con Irma, Pino e Rita, in armonia,
è nata la "John Vince" gigantesca,
come una quercia annosa ha preso il via.

L'azienda di "John Vince" è ormai sicura,
nel grande suo progresso va lontano,
dei Pulla resta e resterà l'orgoglio,
nel Canada del popol molisano.

Corriere canadese
Angelo Persichilli e Dan Iannuzzi

Se sei familiare col *Corriere,*
con quel giornale nostro canadese,
conoscerai di certo assai precisi,
gli avvenimenti tutti del paese.

>   Ti parla della terra tua lontana,
>   di quella patria, parte del tuo cuore;
>   ti fa sognare spesso di tornare,
>   nei luoghi della gioia e del dolore.

T'informa di politica ogni giorno,
di personalità spesso diverse;
la cronaca che a volte fa tremare,
con le notizie oscure controverse.

>   Lo sport è vivo, non vien trascurato,
>   è presentsto a magici colori;
>   gli esperti nel settor sono vivaci,
>   germogliano i dettagli come fiori.

Italo canadese è il tuo giornale,
ti parla della patria a te vicina;
con un sapore tutto all'italiana,
universale è in tutto, s'indovina.

>   L'articolo di fondo editoriale,
>   d'Angelo Persichilli è, di cultura;
>   lo spirito egli esprime del giornale,
>   con serietà e con disinvoltura.

Il popolo italiano a Dan Iannuzzi
è grato pel *Corriere* ardito e fiero;
ad Angel Persichilli pel calore
che vi trasfonde limpido e sincero.

Capri. Villa Jovis

La Campania

La Campania è una regione,
molto antica e sempre amata,
il suo cielo è di cobalto
il suo manto è d'una fata.

> La Campania da "campagna"
> il suo nome ha derivato;
> quando vennero in pianura,
> dai Sanniti fu donato.

Questa terra è benedetta,
il suo suolo è assai ferace;
gente accoglie anche nemica,
gente è amante della pace.

> Preso sei tu dall'incanto
> del suo mare verde-azzurro,
> delle brune sue colline,
> della brezza dal sussurro.

Visitando la Campania
tu vedrai dei paesaggi,
incantevoli e solenni
del suo sole sotto i raggi.

> Gusterai cibi squisiti,
> troverai dolce un sorriso,
> con il canto armonioso
> sembra stare in paradiso.

Anche a feste assisterai,
colorite e pien d'umore;
sempre avrai della Campania
come un canto nel tuo cuore.

Napoli

Napoli è città unica al mondo,
di sentimenti limpidi e gioviali;
fondata fu dai Greci anche in quegli anni,
quando nel Lazio Roma ebbe i natali.

Roma Napoli amò di vero cuore;
Napoli amata fu senza misura;
il panorama unito al dolce clima,
era un invito alla villeggiatura.

Ben presto la Campania fu cristiana,
di Cristo la novella rubò il cuore;
e tutti gli abitanti della zona
seguirono la luce del Signore.

Cadde l'impero, eredi i Bizantini,
furono allor di civiltà romana;
poi Longobardi, Svevi ed Angioini
nacque così la civiltà campana.

Amalfi fu repubblica gloriosa,
nelle città di conti e di marchesi,
una genia succhiò di loro il sangue,
giunsero alfin anche gli Aragonesi.

Di tasse fu gravata la Campania,
sotto una schiavitù crudele, esosa;
scoppiarono rivolte e tra la gente
quella di Masaniello è assai famosa.

Napoli sopravvisse ed è regina
d'estetica, cultura ed amonia
nel mondo per la musica ed il canto,
Napoli mette in cuore nostalgia.

Avellino

Il panorama è molto suggestivo
cintura sono i monti sullo sfondo;
è nella conca il centro cittadino
dal Sabato è bagnata la città.

L'origin d'Avellino è molto antica,
fu dei Sanniti prima e poi romana;
nei tempi bizantini fu distrutta
dai Longobardi con severità.

Nel tempo feudale fu potente;
venne arricchita di capolavori;
sotto il dominio amico dei Borboni
divenne capoluogo la città.

L'aspetto d'Avellino oggi è moderno,
fioriscono le ville ed i giardini;
dell'acquedotto gli archi del Serino
sono imponenti, grande realtà.

In quei dintorni, sopra la montagna,
Mamma Schiavona guarda giù Avellino;
protegge la città da Montevergine
la Madre santa con amor divino.

A questa Mamma vanno di frequente
dalla Campania intorno ad Avellino,
e la Madonna parla a quella gente
e manda tutti al Figlio suo divino.

Capri

Quando tu vai a Capri da Sorrento,
quell'isola tu vedi come un nido;
col suo profilo rude in un momento,
un baluardo sembra giù dal lido.

I due scogli poi dei Faraglioni,
son come vigilanti sentinelle;
ti sembran come tozzi torrioni
protesi sotto il ciel come gemelle.

Di mano in mano che tu t'avvicini,
l'impressione di scoscesi scogli
svanisce e tu la vedi, l'indovini:
son case come candidi germogli.

Dietro alle case un po' tutt'all'intorno,
fino alle rocce impervie puoi vedere;
ville villette e case di soggiorno,
come un sorriso dolce puoi godere.

Del viaggiator lo sguardo vien rapito
dalla valletta amena di gaiezza;
descriver non si può, tutto è fiorito,
Capri è un gioiello che di dà l'ebbrezza.

Grande è, d'impareggiabile splendore,
quest'isola d'incanto singolare;
la sua cornice anello è dell'amore,
sentir tu puoi del mare l'ansimare.

Le forze oscure al cuor della natura,
il genio umano ad esse si è alleato;
con cura, con pazienza e con premura,
un dolce paradiso in terra è nato.

Grotta azzurra

La grotta azzurra è nota, unica al mondo;
sorriso è del creato, è uno stupore;
t'incanta, è di colore verde-mare,
d'argento i suoi riflessi sono e d'oro.

La luce scaturisce dal profondo,
dall'acqua pura, limpida, a intervalli;
quell'increspate dune son dell'onde,
fosforescenti come di coralli.

Vaganti son nel mezzo, tanti lenti
pesci che sanno sol di fantasia,
dell'iride vestiti dei colori,
si guazzano dell'onde nella scia.

Sull'oscillante fondo e le pareti
veder tu puoi danzar fantasmi alati;
dissolvono, compongon con movenze,
bizzarre forme, varie e delicate.

La mente si confonde inebriata:
dardeggiano nel mar segni soavi;
visioni di castelli qui incantati:
ti sembra ad occhi aperti di sognar.

Cervello e cuore uniti nell'amplesso
d'un gran silenzio assorto tutto amore:
la grotta azzurra è pura affascinante,
più grande ed infinito è il Creatore.

Meraviglie campane

Campania è fioritura di cultura,
città e paesi e piccoli villaggi,
dalla pianura ai monti e in riva al mare,
sono di profumi e di splendori saggi.

Caserta fu arricchita da re Carlo,
quel Carlo Terzo detto dei Borboni,
d'una sontuosa reggia e di palazzi,
di viali, di cascate e di canzoni.

E sopra un colle è posta Benevento,
piena di storia antica e di moderna,
nel mezzo è sita d'una conca amena,
di luce intorno è un faro che governa.

Vi sono in Benevento monumenti,
li puoi veder vicini ed ammirare,
c'è l'arco di Traiano ed altri ancora
valli con gioia presto a visitare.

Gli artisti son fioriti numerosi:
Il Tasso scrisse versi appassionati;
Vico, Scarlatti e Salvatore Rosa
con Vanvitelli un dì là sono nati.

Campana sommersa

Sulla ridente spiaggia di Sorrento,
sorge la punta della Campanella;
su questo scoglio ogni anno gente accorre,
attratta dal chiarore d'una stella.

Si sentono dall'onde su salire,
come argentini suoni di campane;
richiamano alla mente losche imprese,
di soldatesche antiche musulmane.

Nel tempo dei pirati barbareschi,
alcune navi al largo di Sorrento,
volarono, assalirono, distrussero,
istoriche ricchezze in un momento.

Molti dei cittadin furono uccisi,
palazzi e chiese tutte depredate;
la strage fu crudele, distruttrice,
e la città e le case abbandonate.

Enorme fu il bottino in quel frangente:
rubarono persino le campane;
distrussero con crudeltà il paese,
quell'orde piratesche musulmane.

La nave che portava la campana,
quella campana antica armoniosa,
di colpo s'insabbiò, gettò il bottino,
quella campan d'allor nel mar riposa.

Così da quel gran giorno tutti gli anni,
su quello scoglio amico d'una stella,
la gente si raduna di Sorrento,
per ascoltar dal mar la campanella.

Alfonso Ciasca

Dalla Campania verde avellinese,
da quella terra antica di Vallata,
Alfonso Ciasca, un giovane cortese,
venne lontano un dì nel Canada.

Era da poco uscito dalle scuole,
dinamico maestro intelligente,
sognava il suo futuro rose e viole,
esuberante di felicità.

Da un sacerdote, tutto del Signore,
Alfonso immerso fu nel cuor di Dio.
Dall'equilibrio della mente e il cuore,
forte sbocciò la personalità.

Alfonso, questo figlio di Avellino,
rimase in Canada con i suoi cari;
ed ora sta svolgendo nel cammino,
una mission di luce e di bontà.

Da Radio CHIN seguiamo la sua voce,
quando lo sport a noi viene ammannito;
la sua parola è chiara, non veloce,
il contenuto è solido, nutrito.

La sua professione della scuola
Alfonso cura con calore umano;
la semplice, ma dotta sua parola
insegna agli studenti l'italiano.

Dalla famiglia è nato il primo fiore,
Fabrizio forte, travolgente e buono;
dai Ciasca regna un'armonia d'amore,
d'Alfonso il nome amato è in Canada.

I Sassi di Matera

La Lucania

Basilicata: è nel meridione.
Terra famosa in tempi ormai lontani;
"Lucania" si chiamava la regione.
godeva un gran rispetto dei Romani.

Lucania il nome vuol significare:
alba foriera al sol del nuovo giorno;
luce soffusa, stella del mattino,
pace e tranquillità tutt'all'intorno.

Era una fioritura densa, verde,
di boschi d'animal meravigliosa;
fluivano i suoi fiumi verso il mare
vi prosperava tutto in ogni cosa.

Così la vide Orazio, il gran poeta,
il Vulture guardando poderoso;
era con Mecenate e con Augusto:
della Lucania Orazio era orgoglioso.

Al crollo del Romano grande impero,
la terra della luce fu assalita;
colline e monti furono tosati,
dei fiumi l'acqua fu come impazzita.

Cadde una coltre triste d'abbandono,
da monti e valli i fiumi verso il mare;
portavano detriti strage e morte,
e il piano il regno fu delle zanzare.

Ora è finito: è tutto già in ripresa,
risorge ovunque una novella vita;
dal mare ai monti non c'è più l'attesa
c'è la certezza, è chiara ed è fiorita.

Matera

Se vai nella provincia di Matera,
tu troverai sorprese a non finire;
è l'unica città d'Italia intera,
Matera pien di luce e senza sole.

    Scavate son le case nella roccia;
    non son di pietra e né son di mattoni;
    sono nel tufo, son senz'aria e luce,
    non hanno simmetria ed unità.

Le ripide pareti fan paura:
burroni son scoscesi da vertigini,
son quasi a piombo sopra quelle alture,
con gradinate che fanno pietà.

    Le rampe che intagliate son nel sasso,
    accesso danno all'umili dimore:
    son conseguenze tristi delle guerre,
    di sfruttamento nero e di terrore.

Vi sono nella roccia anche scavate,
alcune chiese e resti di conventi;
questa a Matera vecchia, anche al presente,
bagaglio è d'un'antica crudeltà.

    Queste casette son rettangolari,
    vi trovan posto gli uomini e le cose,
    le pecorelle insieme alle galline
    ed il somaro amico pel lavoro.

Questo alveare umano di Matera,
offre uno sguardo strano, pittoresco;
di cuor si levi al cielo una preghiera,
per un futuro pieno e di bontà.

I Sassi di Matera

Davanti ai sassi brulli di Matera,
si staglia quello detto "Barisano";
diviso esso è dal sasso caveoso,
dallo speron sassoso naturale.

Matera sorge sopra questi sassi;
lunga, una strada funge da cornice;
essa è animata sempre, pien di vita,
soffusa di febbrile attività.

Nel tufo son scavate le casette;
la gente per millenni è lì vissuta;
i nonni dei bisnonni han lavorato,
i figli ancor dei figli stanno là.

Nel tufo le casette hanno un aspetto
insolito d'un vero agglomerato;
è molto suggestivo, pittoresco,
esso è un retaggio dell'antichità.

È priva dei conforti della vita,
Matera, grazie a Dio, è nel progresso;
sorgono confortevoli palazzi,
sente la vita fremiti di ebbrezza.

Su sassi bianchi vedi campanili,
svettanti verso il cielo sotto il sole:
con voce amica invitano alla pace
in un progresso fulgido d'amore.

In quello di Matera

Nella Lucania, in quello di Matera,
colli aridi tu vedi e la pianura;
in corso son lavori di bonifica
per il progresso dell'agricoltura.

I quattro fiumi che giungono al mare,
non imbrigliati, in tempo di bufera,
arrecano ancor danni, coi detriti,
alla sassosa zona di Matera.

Tra i monumenti d'arte materani
c'è l'Abbazia di Montescaglioso:
è simbol della fede e dell'amore
e del lucano spirto religioso.

Miglionico col grande suo castello
della congiura ordita dai baroni,
è parte della storia regionale,
non eran per la patria tempi buoni.

C'è Montalbano e Tursi c'è Pisticci;
c'è Ferrandina, Irsina, c'è Grassano:
son molti gli altri centri di memorie
sulle montagne, nella valle e il piano.

Il litorale ionico malsano,
è promettente d'una gioia vera,
con il lavoro assiduo ed assillante,
vedrà gioir novella primavera.

Metaponto

Una città famosa, Metaponto,
già grande ai tempi a noi molto lontani,
amata fu dai Greci e dai Romani,
fiorente fu per ogni attività.

Sulle ridenti spiagge dello Ionio,
della Lucania sotto il sole d'oro,
con l'acqua, cielo e terra e col lavoro,
fioriva la ricchezza e la bontà.

Fornita fu di mura poderose,
di nitide piazzette e di giardini,
d'un gran teatro per i cittadini,
e vasti templi alla divinità.

La spiaggia lungo tutto il litorale,
gremita era di gente e d'armonia,
la varietà dei campi in sintonia,
davano un senso di felicità.

Quando Roma crollò, crollò la vita;
i monti e le colline denudate,
e le fiumare allor non più imbrigliate,
portarono detriti verso il mare.

Finì la vita e finì Metaponto,
di tutte le città mutò la sorte;
non più la gioia, sol regnò la morte,
sotto quel ciel coperto di dolore.

Per secoli, millenni, le colonne
protesero le braccia sotto il cielo;
il mare lacrimò d'un vasto velo,
la luna si coprì per il rossore.

La società lucana l'ha giurato:
su Metaponto sorgerà la vita;
la gente tornerà come impazzita,
nel clima della gioia e dell'amore.

Le spiagge di Maratea

Di Maratea le spiagge son pulite;
hanno i colori dell'arcobaleno:
son frastagliate, varie, pittoresche,
lambite son dall'acqua del Tirreno.

Tu vedi sullo sfondo tante rocce,
sono incombenti sull'azzurro mare;
e più vicino a noi notar tu puoi,
rocce baciate da quell'acque chiare.

Son degradanti dolcemente a valle,
le rocce irregolari e con fessure;
tu vedi promontori verdi e scogli,
e tanti uccelli nell'insenature.

La varietà di piante è assai fiorente,
vi son carrubi, aranci e tanti abeti,
e gli agavi di casa son ginestre,
e a valle son vigneti ed oliveti.

Lontano sulle cime vedi torri,
vedette vigilanti di castelli;
ricordi son di giorni ormai passati,
d'avvenimenti tristi, di coltelli.

Rovine di fortezze d'altri tempi,
ti parlano d'imprese saracene;
ricordi sono spessi di pirati,
di stragi sulle nostre terre amene.

Le chiese, i santuari ed i conventi,
son testimoni vivi d'una storia,
di Maratea le spiagge e di Lucania,
son segni d'una antica e grande gloria.

Il principe e il drago

Poggiata a mezza costa d'un'altura,
vedevasi il biancore d'una chiesa;
qui conveniva gente pellegrina
da valli monti e colli per pregare.

> In questo luogo santo la Madonna,
> guardava con amore i figli erranti;
> difese contro un orrido serpente
> quel popolo che lei amava tanto.

Il drago si trovava in una grotta,
vicino al fiume, in quello di Gagliano,
Mangiava, divorava i contadini,
ed appestava tutto il vicinato.

> La gente pensò allora di chiamare
> il principe Colonna di Stigliano;
> il principe accettò, volò alla grotta,
> per dar battaglia all'orrido animale.

La forza di quel mostro era potente:
la spada era un giocattolo d'un bimbo;
il principe era stanco e scoraggiato:
allora si sentì il cuor tremare.

> "Coraggio, figlio, principe Colonna",
> gli disse con amabile sorriso;
> era nel manto azzurro la Madonna,
> sembrava un sogno un dolce paradiso.

A questa visione, l'ardimento
del principe trovò nuovo vigore;
la lotta fu riprese con furore
e morto il drago al suol precipitò.

> La gente liberata dal terrore,
> ritorno fece al caro suo paese;
> il principe troncò quel capo infame,
> e in suo ricordo edificò la chiesa.

Padre Guglielmo Corbo

Padre Guglielmo Corbo di Forenza,
un cappuccin dinamico, lucano,
dalla provincia antica di Potenza,
serve a Toronto il popolo italiano.

E nel sessantasei venne ordinato
in Napoli tra i padri francescani;
Posillipo lo vide laureato,
Toronto l'abbracciò con cuore e mani.

In San Filippo una parrocchia immensa,
il padre Corbo, pien di fede ardente,
si prodigò con una vita densa
d'opere sante e zelo per la gente.

Ed ora ventinove, son tanti anni,
che il padre Corbo in terra canadese,
con grande impegno e gioie e tra gli affanni
fedeli assiste qui d'ogni paese.

Padre Guglielmo, auguri, molto ancora
tempo ti dia il ciel di santa vita.
La tua serenità, come l'aurora,
ti porti gioia arcana ed infinita.

Gianni Lombardi

Oriundo di Pisticci di Lucania,
recente è un personaggio della storia:
Gianni Lombardi, un figlio dell'Italia,
ha guadagnato in Canada la gloria.

Nel dopoguerra quando a cento, a mille,
venivan gli Italiani dai paesi,
senza la conoscenza della lingua,
disagio c'era in mezzo ai canadesi

Spesso la gente era senza lavoro,
struggeva in cuor di molti nostalgia,
conforto si cercava nelle chiese,
qualcuno già pensava d'andar via.

Un uomo di coraggio, in quel momento,
Lombardi Gian, persona pien di vita,
infuse con la CHIN negli Italiani,
nuova speranza rinnovata e ardita.

In casa, per le strade, sul lavoro,
si risvegliò lo spirito italiano;
la radio tutti unì come fratelli,
nessuno più sognò d'andar lontano.

Questo è il progresso della fratellanza,
Gianni Lombardi egli è un benefattore
della Lucania e dell'Italia tutta
nel Canadà Lombardi è il nostro onore.

Rocco Lo Franco

Rocco Lo Franco, a passi di giganti,
percorso ha una carriera lusinghiera;
per le sue qualità forti e brillanti
d'ambasciatore ei porta la bandiera.

È figlio di Pisticci, di Matera,
della regione di Basilicata.
Ricca di gloria d'una storia vera
per secoli purtroppo abbandonata.

Montescaglioso e centri di castelli
videro i figli forti andar lontano;
portavano nel cuore i ritornelli,
del sofferente popolo lucano.

Rocco Lo Franco fu tra questi arditi
con il lavor di braccia, mente e cuore,
Rocco ha raccolto palpiti infiniti
di gioia, di speranza e di dolore.

Come i Lucani tutti è intraprendente
gode una stima, Rocco, illimitata
gloria è di Pisticci della gente;
in alto porta la Basilicata.

Angelo Locilento

Chi non ha mai sentito qui in Toronto
il nome d'Angelino Locilento?
È un personaggio amico e gioviale
ognuno col sorriso fa contento.

Dalla provincia viene di Matera,
è nato nella vispa Ferrandina;
è della sua "Vin-Bon" il titolare
l'azienda ricercata torontina.

Ricorda il Locilento la sua terra,
i sassi di Matera al sol lucenti,
il suolo avaro dopo la fatica,
e le fiumare d'acque travolgenti.

Anch'egli come tanti giovanotti,
lasciò la sua Lucania, il suo paese;
col cuore pieno di speranze d'oro,
raggiunse questa patria canadese.

Con tecnica precisa ed esperienza,
tratta col figlio della madre vite;
ma questa non si offende, anzi è felice,
che le energie il figlio rende ardite.

Angelo Locilento ai canadesi,
inebriare fa la mente e il cuore;
col suo "Vin-Bon" dalla Lucania è amato,
dimenticare fa a noi il dolore.

Paolo Petrozza

Provien dalla provincia materana,
un personaggio audace, di cultura;
gli avvenimenti affronta della vita,
con sicurezza e con disinvoltura.

D'amore immenso ama la patria avita:
la religion, la lingua e la sua storia;
ne parla spesso in casa e con gli amici,
per Paolo esso è tutto: è la sua gloria.

Montescaglioso, dove egli ebbe i natali,
ha San Michel l'artistica abbazia;
Petrozza qui formò la mente e il cuore
al bello, al vero, al santo, all'armonia.

È Paolo Petrozza un pioniere:
porta Matera in terra canadese;
il meglio prende in questo nuovo mondo,
per arricchire il cuor del suo paese.

Fiorisce il suo lavoro tra i lucani:
programma egli organizza, e spesso abbozza
le norme per il club e per l'azienda:
pronto al consiglio, è Paolo Petrozza.

Giuseppe Primucci

Tutti i lucani in terra canadese,
non sono solamente numerosi;
sono comunità tenace e forte,
audaci, organizzati e generosi.

Tra i tanti figli eccelsi nel progresso,
brilla il Primucci come chiara stella;
percorso ha una carriera travolgente
in tutti i campi accorta sentinella.

Palazzo San Gervasio fu la culla,
Toronto la palestra del lavoro;
il monte del saper, della cultura
egli ha scalato sempre con decoro.

Il Papa l'ha onorato di persona,
l'Italia l'ha promosso Cavaliere,
non sono gesti vani da parata,
sono onorificenze oneste e vere.

Nella spirale ardita travolgente,
com'agil partitura musicale,
Primucci in ogni impresa della vita,
e stato sempre forte e originale.

Quando la mente e il cuore sono uniti,
s'avanza sempre e nulla va in oblio;
cresce l'amor per noi per i fratelli,
e pace sol si ha nel cuor di Dio.

Savino Primucci

Passando per le strade di Toronto
d'altre città, villaggi o di paesi
frequenti vedi insegne luminose
per tutte le contrade canadesi.

Son segni d'una linfa che dà vita
presenza di lavor civile, umano;
di qul lavoro ascoso, silenzioso
compiuto anche dal popolo italiano.

Un figlio di Palazzo San Gervasio
Savino, idealista, un sognatore,
estraneo non è per lo sviluppo
di questa attività pien di folclore.

Primucci non si limita agli affari:
ama la vita in tutto il suo complesso:
è Cavalier di Malta, è coinvolto
degli Ital-Canadesi nel progresso.

È membro del consiglio parrocchiale
nelle finanze egli è guida sicura
del club della Lucania è un attivista:
con tutti ei sa trattare e con premura.

Perseveranza, intgelligente, audace,
è del progresso la sorgente e il cuore;
Primucci onesto amante della pace
fa germogliar dell'amicizia il fiore.

Vieste. Sfondo Architello San Felice

La Puglia

La Puglia forma il tacco e lo sperone
dello stivale aulico italiano;
il tacco è la regione Salentina
e lo sperone è il monte del Gargano.

Se togli il tacco crolla lo sperone,
e tutto l'organismo è vacillante;
l'Italia della Puglia anche ha bisogno,
per l'equilibrio stabile e costante.

Il clima della Puglia è molto caldo;
temperatura massima è in Salento;
nel Tavoliere invece essa è oscillante,
e questo è un naturale avvenimento.

Questa regione fin dai tempi antichi,
prospera fu per l'ampia agricoltura;
il grano fu esaltato dai Romani,
Annibal s'accampò nella pianura.

La Puglia antica, calda ed assetata,
ora fiorente è come un manto d'oro:
porta ricchezza coi frutteti e viti,
con l'acqua qui trovata col lavoro.

Puglia estremo lembo dell'Italia

La Puglia, estremo lembo dell'Italia,
inclina le sue terre piane al mare;
dal mare sembra nata e il suo colore
è dell'ulivo argento verde-rame.

     Quell'alba di stupor che un dì lontano,
     quando l'arido emerse giù dal fondo,
     illuminò l'arena asciutta al sole,
     è ancor la luce d'or sulla pianura.

Oscilla sopra l'onde e sabbie chiare,
palpita tra gli ulivi oscuro-argento,
si posa sui vigneti profumati,
quell'alba sopra il mondo litorale.

     Il fascino reale del paese,
     dal sole non è dato, ma dal mare;
     lo puoi tu percepir se non vedere,
     tra olivo e olivo e brezza tra le case.

Un velo puoi sentire, teso, al vento,
che vibra silenzioso, quasi stanco;
che indugia sopra i pini e sopra l'onde,
come se fosse un placido respiro.

     Non è un colore bianco sulle case,
     si scioglie in tinte candide del sole,
     sembrano i toni dell'azzurro mare,
     al bacio del chiarore della luna.

Colline lievi, soffici, ondulate,
come le bianche dune del deserto,
hanno le sfumatur verde marino
e lo splendore della madre perla.

Puglia serena

Le case hanno dell'aria un sol colore,
che non è azzurro-viola, ma celeste;
non è il colore denso sopra i monti,
ma d'un umido chiaro sorridente.

    S'incurvano convesse e levigate,
    dai raggi della luce in fondo al mare;
    vedute in trasparenze luminose,
    nell'onde azzurre di quell'acque chiare.

Gli ulivi sono verdi come l'alga,
senza il cinereo su delle colline;
come colline d'Umbria, argento terra,
sono le chiome oscure ed argentine.

    Nelle vallate giù della marina,
    dove il silente flutto non si muove;
    sembrano ondeggiare tutt'insieme,
    quando la luce scala i suoi colori.

Il pian s'inchina al mare con dolcezza,
s'un orizzonte azzurro circolare;
non sai fin dove arriva tu la terra,
ed il confin dove comincia il mare.

    Città e paesi sono illuminati,
    più che dal sole dagli specchi chiari;
    nel ciel si staglian come cattedrali,
    come arenate navi in mezzo al mare

I mandorli albeggianti sopra i campi,
sgranan corolle fragili e rosate;
immobili nell'aria arborescenze,
come coralli son nelle vallate.

Monte Gargano

Fu definito un dì "Terra del Sole",
il verde promontorio del Gargano;
sposata è la sua storia alla natura,
ed agli eventi del lavoro umano.

Non hanno deturpata la bellezza,
i popoli e le guerre di passaggio.
L'originalità è ancor superba,
grezza è la nobiltà del paesaggio.

Da San Menaio su pei verdi colli,
dagli aranceti in fiore e profumati,
nella foresta "umbra" tu t'immergi,
tra pini querce e faggi al ciel lanciati.

Un cielo sopra un mare di cobalto,
le Tremiti e il laghetto di Varano,
le coste frastagliate e il mare azzurro,
splendore son del monte del Gargano.

Peschici in alto guarda pittoresco,
Rodi con Bellariva e Postiglione,
Vieste, Pugnochiuso e Mattinata,
cintura degna son dello sperone.

Spettacolo, ricchezza di natura,
offerto viene a noi dal Tavoliere;
dal brivido del vento ad onde larghe,
un mar di spighe d'oro puoi vedere.

Le perle son, la luce da tanti anni,
nel cielo immenso e sopra il verde piano;
San Marco, San Michele e San Giovanni,
mistiche sentinelle del Gargano.

San Marco in Lamis

Nel cuore del Gargano, in una valle,
tra profumati campi ed oliveti,
e nell'argento ed oro dei vigneti,
sorge San Marco piccola città.

Salendo in alto su per la collina,
tu trovi San Marcuccio pien di vita;
e in San Matteo, florida, arricchita,
il centro di cultura e di pietà.

San Marco è la sorgente dell'ingegno,
son molti i figli suoi di gran vigore;
ma gloria di San Marco e del Signore,
sono i rninistri santi dell'altare.

Brilla nel cielo azzurro tra le stelle,
come astro un figlio degno di San Marco.
è il professor Tusiani che come arco
cultura unisce fede e civiltà.

Dal Promontorio come una pedana,
la gente prende il vol per la pianura;
l'intelligenza esporta e la cultura,
e sparge i semi sani di bontà.

Michele Colle siede in parlamento,
l'Italia onora e il mondo canadese,
è un caro figlio nostro sanmarchese,
vien dal Gargan antica civiltà.

Raggiunge il Sammarchese nuove lande,
ad altri lidi spesso approda ancora;
nel cuore sogna una novella aurora,
nessun San Marco mai potrà scordar.

Le grotte di Castellana

Nel sottosuolo in Puglia, delle Murge,
con lavorio lungo di millenni,
enormi masse d'acqua non turbate,
creato hanno armonie a Dio perenni.

Nei vuoti sotterranei, le grotte,
per secoli invisibili all'esterno,
sotto il cesello mistico dell'acqua,
cantavan nel mistero a Dio, l'eterno.

Scoperte furono esse nel trentotto,
negli assolati campi a Castellana,
volle indagare l'uomo un grosso foro,
ed ebbe lavisione sovrumana.

Spettacol con effetti allor di fiaba,
le stalattiti con le stalagmiti,
scendendo dal soffitto o alte pareti
formaron dei disegni agili, arditi.

La cavernetta apparve di cortine,
il cavernone poi dei monumenti,
mistiche grotte alfin del paradiso,
della civetta insieme e dei serpenti.

Di tutte apparve all'uom la più splendente:
la grotta bianca larga, spaziosa;
scordarla non si può mai nella vita,
ornata sembra stanza di una sposa.

L'acqua e la pietra in un connubio lento,
guidate da una volontà sovrana,
nel seno della terra hanno plasmato,
le meraviglie qui di Castellana.

Penisola salentina

Tutto il Salento è vasta una campagna,
lussureggiante e ricca di colori,
piena di verde in mezzo a tanti fiori,
sotto ogni aspetto c'è prosperità.

Fra le distese vaste a grano d'oro,
crescon robusti gli alberi d'ulivi,
son tozzi, son preziosi, fan giulivi
gli agricoltori e la comunità.

Gli ulivi sono là sotto quel cielo,
i loro tronchi sono tormentati,
gibbosi son, scavati e un po' spaccati,
aguzzi come scogli son del mare.

Le chiome sono folte, grigio acciaio,
fanno risplender tutta la pianura;
e nella esuberante fioritura,
lamine sono balenanti al sole.

Vi cresce ancor la vite rigogliosa,
che l'anima dell'uomo fa inebriata,
fiorisce a larghe foglie coltivata,
la pianta del tabacco in quantità.

Il pane e il vino e l'olio ed anche il fumo,
ricchezza son del suolo salentino;
di Dio c'è il dito qui, c'è del divino,
un raggio c'è di luce, c'è l'amore.

I trulli di Alberobello

Hai mai sentito, amico,
parlar d'Alberobello?
Vi sono là dei trulli
che sembrano un castello.

Castello, beninteso,
di piccole casette,
linde, nette e pulite,
con le stradette strette.

Sono capanne tonde,
dal tetto a cono aguzzo,
dove può entrarvi, pare,
un uom di Lillipuzzo.

Ognuna ha il suo comignolo,
distinto, ben curato,
ed una finestrella,
da bimbo addormentato.

Tutt'all'intorno è piccolo,
con tanti, molti fiori,
e dietro la casetta
c'è l'orto e i pomidori.

Perché son nati i trulli?
Rubato è alla natura
vitale un po' di suolo
dei colli sull'altura.

D'Italia è monumento
il piccolo castello,
perché famosi i trulli
sono d'Alberobello.

Padre Pio

Viveva nel convento Padre Pio,
a San Giovanni ormai da tanto tempo:
egli era un uomo santo, era di Dio,
nella preghiera ascosa ed umiltà.

Parlava Padre Pio col Signore,
quando pregava con perseveranza,
il suo colloquio pieno di fervore,
era soffuso di semplicità.

Nella dolcezza Cristo non fu avaro:
lo mise a parte intima del cuore;
offrirgli volle il calice suo amaro,
e nel dolore il fior di carità.

Chiedeva il nostro Santo ogni momento,
con insistenza pace nel perdono;
era per lui la chiesa del convento,
il centro della luce e dell'amore.

A San Giovanni per quel fraticello,
la gente si versava a cento, a mille;
formava lunghe file dal cancello:
in lui parlava la divinità.

Devoto egli era molto di Maria:
l'amava con filiale tenerezza;
Maria delle Grazie era la via,
per riportare l'anime a Gesù.

Nella tua vita o Padre, con le rose
nascoste tu celavi tante spine,
palesi sono ormai non sono ascose,
sono il segreto della santità.

Missionari pugliesi

Il sottoscritto venne da Roseto,
in quel di Foggia in valle del Fortore;
erano tempi quelli di dolore,
per l'emigrazione in Canada.

Verso il sessanta quattrocentomila
erano i figli della nostra terra,
gente venuta qui nel dopoguerra,
cercando un pane e un posto di lavoro.

Gente scappava dall'Italia tutta,
da San Nicandro e da Monteleone,
anche Roseto come d'altre zone,
l'esodo vide verso il Canada.

Intendere non può il dolore umano,
chi non l'ha mai provato nella vita;
senza il lavor la gente era impazzita:
la gente qui soffriva in Canada.

Dopo decenni venne qualche aiuto,
padre Antonino giunse dal barese;
padre Martino un prete sammarchese,
da Foggia venne pure in Canada.

Sbocciati in San Nicandro come fiori,
son dalla gioventù preti novelli;
son come l'alte cime di castelli,
un contributo danno al Canada.

Saverio Pinto è l'ultimo ordinato,
il primo è il padre Vito Marsiliano;
è la comunità che piano piano
cresce in vigore qui nel Canada.

L'emigrante pugliese

Gente ancora della Puglia,
coraggiosa e intraprendente,
lascia meno ai nostri giorni,
la sua patria e il continente.

    Da Modugno e Sannicandro,
    da Roseto Valfortore,
    d'Accadia e da Bovino,
    gente parte con dolore.

Quelli di Monteleone,
Montaguto oppur d'Orsara,
in cuor senton la partenza,
poco dolce e troppo amara.

    Canadà spesso è la meta,
    Stati Uniti od Argentina,
    Venezuela ed Australia,
    là il pugliese s'incammina.

Ma il pugliese anche lontano,
le spiccate qualità
mai non perde e le rafforza
con la sua frugalità.

    Il buon senso e la tenacia,
    son di razza le virtù;
    il pugliese nel suo cuore
    le farà fiorir di più.

Monteleone

Monteleone, un giorno, in quel di Foggia,
partire vide i figli insieme a schiera;
con la valigia vuota e il cuore in pena,
al cielo mormorando una preghiera.

Partivano, arrivavano, confusi,
sperando di trovar qualche parente;
sarebbe cominciata allor la vita
con un lavor sicuro, permanente.

Monteleone qui si è organizzato:
negli anni ha già portato grandi frutti;
son due i sacerdoti tra i suoi figli,
molti i professionisti e non son tutti.

Il primo è il padre Volpe basiliano:
un santo sacerdote e professore;
ed il secondo è Paolo Casullo,
pieno di zelo, un umile pastore.

Le vette d'alti monti hanno scalato
alcuni figli di Monteleone:
Giuseppe Volpe è membro del governo.
dottor Casullo un nome che s'impone.

Ai nostri giorni in tempi più recenti,
cresciute son persone di statura,
nel campo dello scibile son note,
gente operosa, vigile, matura.

Leonardo Romita

Romita Leonardo di Modugno,
lasciò la patria avita in quel di Bari;
ancora giovanotto, avventuroso,
i monti valicò solcò dei mari.

Portava e ancora porta nel suo cuore,
racchiusa stretta, dolce nostalgia;
sognava il suo ritorno, forse un giorno,
con venature di malinconia.

Nel giovanile ardor di primavera,
di quella primavera della vita,
mise le basi in questa nuova terra,
brillò nuovo miraggio per Romita.

Si affezionò al lavoro, anche al guadagno;
volò sull'ali forti del volere,
formò la sua famiglia affezionata,
nella "Len Star" trovato ha il suo piacere.

La fabbrica è cresciuta ed è in progresso,
lavori colossali non son rari;
nell'emigrato un giorno di Modugno,
grandezza c'è tenacità di Bari.

Marco Contardi

Anzano vide un dì nel dopoguerra,
un numero di figli andar lontano;
lasciavano la terra, anche se brulla,
per un tenor di vita un po' più umano.

> Nel gruppo c'era il giovane Contardi;
> dopo un abbraccio alla sua amata sposa,
> un bacio diede ad Angelo ed Alberto,
> sperando in una meta luminosa.

Il cuore gli batteva forte in petto,
solo chi lo provò lo può capire;
e Marco che lasciava figli e sposa,
sognando andava incontro all'avvenire.

> Lavoro duro, lingua nuova e strana,
> di Marco non stroncarono il fervore.
> Ogni emigrante è sempre un pioniere
> al premio sol si arriva col sudore.

Formaron col papà la nuova casa,
Concetta e i figli giunti dal paese;
ben presto Gino e Lenny alla famiglia,
s'aggiunsero qui in terra canadese.

> Progresso nel lavoro ha generato,
> la "Grande Cheese" insieme a "Pizzaville";
> son colossali imprese dei Contardi
> sbocciate son dal cuor come scintille.

Ed or Concetta e Marco su dal cielo,
a Dio rendon grazie con amore.
I figli fanno a gara a ricordare
il nome caro d'ogni genitore.

Scalea. Capo Scalea

La Calabria

L'Appennino della zona
di Calabria è l'ossatura;
alte quote esso raggiunge
son grandezze di natura.

L'altopiano della Sila,
il massiccio d'Aspromonte,
son le cime più elevate,
dei querceti son la fonte.

Questi monti depredati
di quel loro verde manto,
son pericol per le coste,
rovinose sono tanto.

Per fortuna ai nostri giorni,
con intrepida prontezza,
dighe e provvidi lavori,
portan vita sicurezza.

A vederla dalla costa,
ricca, piena di splendore,
la Calabria sembrerebbe
fortunata, di vigore.

La Calabria ben curata,
come un florido bambino,
per l'Italia e per il mondo,
sarà un giorno un gran giardino.

La Sila

Paesaggio di pascoli e boschi
è la Sila, la nostra montagna;
ci avvicina al trentino ed alle Alpi:
è ferita, di nulla si lagna.

    Le distese di prati e di pini,
    rallegrate da piccoli laghi,
    dolci sono visioni serene,
    tra le foglie che sembrano aghi.

Regna il pino silano che abete
noi chiamiamo, più alto, più snello,
esso domina tutto all'intorno
come un largo, un ombroso cappello.

    Cattedrali slanciate nel cielo,
    d'alti fusti di tronchi di pini,
    son protese di forme svariate,
    edifici ti sembran divini.

È la Sila la grande regina
delle nordiche selve più bella;
è sorella più ricca di linfa
tra le selve è la fulgida stella.

    E la Sila era tutta foresta,
    la ferì con sarcastico ardore,
    col nemico, alla guerra finita,
    ogni tipo di speculatore.

E la Sila leccando ferite,
fiorirà più del bosco trentino,
con il sole e la brezza del mare,
essa è già pel turismo un giardino.

Arena

Arena un villaggetto calabrese,
poggiato è sulle falde di montagna;
risale a molti secoli il paese
ricco di sacrificio e di lavor.

Sovrasta coi suoi ruderi un castello,
il panorama declinante a valle;
coperti sono i colli di un mantello,
di viti di oliveti in quantità.

Continentale è il clima, non di mare:
risente anche dell'aria di marina:
l'agricoltura, antica, secolare,
avara è stata alla comunità.

Soggetto, Arena, nel meridione,
diviso fu tra poveri e potenti;
il frutto del lavoro, del signore,
poco, alla gente nella povertà.

Partivano i mariti nel dolore,
lasciando le famiglie nel paese;
soffrivano sognavano nel cuore,
giorni migliori per l'umanità.

E l'esplosione fu nel dopo guerra:
quando emigrò la gente là d'Arena,
lasciarono la casa e quella terra
piena di storia, amore e civiltà.

Ed ora gli Arenesi son lontano,
vicini son col cuor da mane a sera,
Arena resta sempre in primo piano
con il ricordo dolce e la preghiera.

Viaggio perimetrale

Ricordi, caro amico, il tuo paese?
La tua Calabria, terra trascurata?
i suoi confini, il paesaggio e l'esodo,
di gente che di là si è allontanata?

     Tornando, dopo tanto, ai luoghi cari,
     la troveresti molto migliorata:
     la riconosceresti sol dai nomi,
     tanto essa nel suo volto s'è mutata.

Lungo la costa andiamo del Tirreno:
è zona fortunata, favorita;
dal clima mite e dolce essa baciata,
dal sole che risplende e porta vita.

     Santa Eufemia e Gioia col suo golfo,
     piana Rosarno e Scilla là vicina;
     puoi contemplare poi dall'Aspromonte,
     l'azzurro mar, lo stretto di Messina.

Siderno e Locri sul versante opposto,
Capo Rizzuto, golfo di Squillace,
di Sibari raggiungi la pianura,
di fronte al mar gustar potrai la pace.

     La Sila guarda giù dall'altopiano;
     Cosenza e la città di Catanzaro,
     s'impegnano per rendere migliore,
     quest'angol di ricchezza, forse, avaro.

La povertà dei monti è conosciuta:
La Sila, l'Aspromonte col Pollino,
son zone panoramiche neglette,
del Cielo una scintilla del divino.

I fiumi, le fiumare i corsi d'acqua,
incanalati son non fan paura;
le piane son ormai verso la vita,
ed i ruscelli scorrono in pianura.

Questa Calabria un tempo trascurata,
da gente e da governi sfruttatori,
sta risorgendo ovunque e con passione,
coprendosi di verde e tanti fiori.

Città e paesi son parati a festa:
t'aspetta il tuo paese con ardore.
Amico caro, torna, va in Calabria:
ti sentirai felice nel tuo cuore.

L'emigrazione calabrese

Dopo il fatale crollo dell'Impero,
la terra di Calabria, di nessuno,
trattata fu con pugno assai severo,
da complici e governi senza cuore.

  Miserie ed angherie nella storia:
  la povertà del suol montuoso avaro,
  la gente costringeva, che memoria,
  dal paesello caro andar lontano.

Nell'ultimo decennio di quest'era,
un mezzo milione di persone,
partirono col pianto e la preghiera,
senza speranza più di ritornare.

  Nel dopo guerra un esodo ben duro
  di contadini delle nostre terre,
  lasciato ha la Calabria pel futuro
  sperando, pieno, di prosperità.

Non c'è città e paese oppur villaggio,
che in terra calabrese non ha dato
massiccio un contributo, come omaggio,
di lacrime e di pianto all'oltre mare.

  In tanti luoghi resta sol la mamma,
  forse sepolta là nel cimitero;
  brucia nel cuor dei figli viva fiamma,
  nella Calabria un dì di ritornare.

Italo Luci anch'egli è un calabrese,
dalla Calabria venne in questa terra
nel suo messaggio radio del paese
che un dì lasciò ei parla con amore.

  La sua parola amabile e cortese
  scende nel cuore e desta nostalgia.
  È veramente un figlio calabrese
  che ama laterra con malinconia.

Natale calabrese

Natale, la gran festa del Messia,
si celebra in Calabria con amore;
si crea un'atmosfera di famiglia,
non mancano momenti di folclore.

> Per tempo si preparano alla festa
> fanciulli, giovanotti e attempatelli;
> famiglie intere con i loro amici,
> per render quei momenti ancor più belli.

Si mangerà la notte di Natale:
pasta, pesce stocco in abbondanza;
non ci saranno limiti di tempo,
sarà una notte piena d'esultanza.

> Le zeppole "pittel" di San Martino
> non mancheranno nella notte santa;
> la mamma ha piena cura della mensa,
> la gioia in tutti i cuori sarà tanta.

Di sera alla vigilia c'è la cena,
è la più lunga cena in tutto l'anno:
si mangia pasta, pesce stocco e zeppole,
a quelli porta mamma che non hanno.

> Son tutti riuniti dal buon nonno,
> che vuole aver la gioia senza uguale;
> vuol stare insieme ai figli questa notte,
> per spender forse l'ultimo Natale.

Il nonno parla allora dei suoi tempi,
si intrecciano racconti del Natale,
si narra ai bimbi di Gesù l'amore,
la gioia su dai cuori in alto sale.

> Squillano le campane: è mezzanotte:
> illuminate son tutte le chiese;
> la gente corre a frotte per la Messa,
> è questo il gran Natale calabrese.

San Francesco da Paola

Sulla ridente spiaggia del Tirreno,
in Paola, città del cosentino,
foriero di virtù divine e umane,
Francesco al mondo venne un bel bambino.

      Dell'usignol devoto fu d'Assisi,
      la vita penitente d'eremita,
      ascosa nella selva per sei anni,
      all'ordine dei Minimi diè vita.

Faro di luce al mondo rivelato,
l'esempio trascinava e la parola;
nel rinascente paganesmo e l'odio,
Francesco col perdon faceva scuola.

      Di santità la fama di Calabria
      i monti valicò, passò il confine;
      pontefici e sovrani e gente semplice,
      le grazie essi imploravano, divine.

Il dono dei miracol nella vita,
concesso fu a Francesco dal Signore;
anche la profezia, un altro dono,
al santo fu elargito con amore.

      Da Paola, Francesco nella Francia,
      al capezzale andò del re morente;
      salvò il sovrano dalla sua tristezza,
      morì quel re con Dio, santamente.

Dei poveri fu grande difensore,
l'apostolo zelante del buon Dio;
della Calabria il santo ognun di cuore
            l'invoca sulla terra con desio.

Missionari calabresi

Padre Pileggi, un dì, da Vallelonga,
venne a Toronto, un giovane sincero;
di luce un pioniere e dell'amore,
un missionario ardente, ardito e fiero.

Ha lacrime asciugate nella vita,
conforto ha dato in pena a tanti cuori;
fu testimone di segreti affanni,
di tragiche vicende e di dolori.

Ha benedetto nozze, ha battezzato,
ha fatto funerali d'ogni sorte;
attività sportive ha organizzato,
presente è stato sempre in vita e in morte.

Il padre Raffaele, americano,
con Isidoro, un padre calabrese,
dell'ordine son essi francescano,
lavorano qui in terra canadese.

Dall'ateneo un dì di Catanzaro
venuto in questa terra canadese
alunno fu di monsignor Rosato
il padre Augusto figlio calabrese.

La gente calabrese è molto grata
a Dio ed ai ministri del Signore,
nei cuori essi alimentano la fede
e la speranza eterna che non muore.

Suore Minime, Ausiliatrici
padri Ardorini

Nella Calabria, in quello di Cosenza,
ricco di fede sorge un bel paese:
Montalto Ufugo è il nome suo famoso,
cuore pulsante in terra calabrese.

Il borgo ebbe dal ciel doni divini:
famiglie religiose vi son nate:
Ausiliatrici, Minime, Ardorini,
anime a Dio tutte consacrate.

Le Minime di Madre Aiello figlie,
diffondono la gioia della vita,
son dell'apostolato meraviglie
con tutti son di carità squisita.

Don Gaetano Mauro è fondatore,
degli Ardorini e delle Ausiliatrici
anime son ripiene dell'amore
veder tutti essi vogliono felici.

Gli Ardorin di zelo son modelli
nel Canada e in Calabria son fiorenti
Gianfranco, Franco, Eugenio e i confratelli
volgon lo sguardo ad altri continenti.

Gianni Iverinci il nostro Monsignore,
vicario episcopal degli italiani,
degli Ardorin respira mente e cuore,
amato è dai vicini e dai lontani.

Questi germogli, ormai piante mature,
nutriti dallo studio e la preghiera,
camminano per vie, anche se dure,
d'una perenne in fiore primavera.

Pietro Li Preti

Sui monti, sopra i colli e nelle valli,
sorgono, chiusi, quasi per difesa:
sono paesi antichi, rinomati,
o villaggetti vedi di sorpresa.

Nella Calabria il suolo cosentino,
di storiche memorie è costellato;
sono ricordi lieti e a volte tristi,
che il cuore calabrese ha conservato.

Sui monti inerpicato c'è Montalto,
per fede rinomato e per cultura,
nel dopoguerra figli son partiti,
d'un po' di pane in cerca e d'avventura.

Il giovanotto Pietro dei Li Preti,
lasciò Montalto insieme ai genitori;
sognava nella vita ancor studente,
nel Canadà un progresso pien d'allori.

D'intelligenza, vivida, brillante,
dal paesello avito ormai lontano,
nel nuovo mondo esplose luminoso,
come l'eruzione d'un vulcano.

Cultura egli assorbì, bruciò le tappe;
brillò di luce vera e di splendore,
raggiunse da gigante ambite vette,
dall'università ne uscì dottore.

Ed or di "Megacity" è consigliere:
eletto fu dalla comunità.
A Pietro noi auguriamo tanto onore
per la Calabria e per il Canadà.

Tony Turchiaro

Da Casola di Bruzio di Cosenza,
quarantacinque son gli anni passati,
è caro ricordar la ricorrenza
dei coniugi Turchiaro in Canada.

Dopo le nozze in chiesa, con dolore,
Antonio venne in terra canadese;
Elvira con nel seno il primo fiore,
rimase in casa sol nella preghiera.

E nel cinquantasei, con l'ansia in cuore,
la mamma e Nancy bimba ormai cresciuta,
lasciarono il paese e il loro amore
raggiunsero, felici, in questa terra.

Casa Turchiaro, come vasta aiuola,
vide sbocciar dei fiori ricchi e sani;
son essi i figli Davide e Nicola,
gioielli della mamma e di papà.

Perseveranza e amore nel lavoro,
tenace impegno e viva intelligenza,
la "Bona Food", un monumento d'oro
è dei Turchiaro, figli di Cosenza.

Campanile della Martorana

Sicilia

Nel "mare nostrum" l'isola più grande
è la Sicilia, l'isola del "Sole".
Per lo stupendo clima e i suoi raccolti,
granaio fu d'antica civiltà.

Un tempo monti siculi e pianure,
eran tutto verde, rigogliosi;
boschetti e corsi d'acqua spumeggianti
erano vita alla comunità.

Distrutti i boschi furono, spogliati,
e cominciò quell'acqua a scarseggiare;
il popolo costretto dagli eventi,
lasciò la patria e se ne andò lontano.

Nel mondo non esiste un sol paese
senza presenza di siciliani;
sono cresciuti ovunque, rafforzati,
come una linfa nel consorzio umano.

Abbiamo sacerdoti siciliani:
Vincenzo Martorella un padre oblato
vissuto spesso in mezzo agli Esquimesi
ed or di San Nicola egli è pastore.

Padre Polito, illustre monsignore
un compito stupendo ha nella vita:
coordina del clero le mansioni
ion questa nostra chiesa candese.

La Sicilia a volo d'uccello

Suolo d'incanto, isola divina,
meravigliosa vista d'un castello;
se giri tutto il mondo e vi ritorni,
lo troverai ancor sempre più bello.

Io porto, vagabondo, il mio pensiero
tra valli e monti e strade affascinanti;
Palermo è il gran preludio degli eventi,
il centro delle cose entusiasmanti.

La conca d'oro appare verde-oscura,
metallica, di mandarini in fiore;
vigneti ed oliveti fanno a gara,
gioia nel dare, serietà e fulgore.

Nello scenario di quei monti calvi,
gialli, protesi stranamente al cielo,
grande è il contrasto con la fioritura
della pianura estesa, come un velo.

Mi tuffo nelle strade di campagna,
nel sole, nei profumi che a ventate,
mi arrivano ai polmoni e danno vita
com'onde fresche, ricche, ossigenate.

Carretti istoriati siciliani,
dipinti a fantasia di colori;
sul mar le vele sembrano sognare,
tra increspature bianche e tra vapori.

È la stagione grande delle olive:
gira la gente sotto l'ombra amica
degli alberi contorti verde-grigi
con i canestri colmi di fatica.

Sui monti, masse verdi di giardini,
con varietà mirabili d'ortaggi;
in alto, sempre e ovunque, grande sole,
spruzzi vi sono, chiari, di villaggi.

Ed alla notte strisce luminose,
al limite tu vedi delle stelle;
la sagoma disegnan dei paesi:
della Sicilia tutta, cose belle.

Taormina

Dell'Etna se tu sali le pendici,
spettacolo superbo a te appare:
d'un tratto si squaderna Taormina,
con tutto il suo splendor, laggiù sul mare.

Colori accesi, toni caldi e vivi,
della Sicilia son dolce sorriso;
come terrazza amena è questo luogo:
davvero è luminoso, un paradiso.

L'azzurro un po' venato di cobalto,
il cielo è come un manto di colori,
ed il turchino mar di Taormina
giardino sembra pien di tanti fiori.

Se scendi essa t'accoglie con piacere,
profumi t'offre d'isola felice;
t'accorgi allor che la città, il suo mare,
lo domina dall'alto incantatrice.

Lo sguardo si disperde in lontananza,
da quel famoso stretto di Messina;
inebriato di tanto splendore,
respiri la città di Taormina.

Dagli invasori spesso rasa al suolo,
riprende Taormina ancor più vita;
coi monumenti e il suo teatro greco,
sul mar risplende placida, infinita.

Carretto siciliano

Carretto siciliano
orgoglio e grande onore
del carrettiere energico
la forza ed il vigore.

Sostegno di famiglia
il suo tesoro e vanto
il carrettier lo sogna
smagliante e pien d'incanto.

Dipinte son le ruote
le stanghe ed i pannelli
raccontano di storie
felici ritornelli.

Il carrettiere stesso
ne indica il soggetto.
Egli non bada a spese
vuol ricco il suo carretto.

Lussuoso è il suo carretto
quando è parato a festa
il carrettier sorride
con gioia manifesta.

Guarnisce il suo cavallo
con nuovi finimenti
al vento col pennacchio
fiammanti e sorprendenti.

Balza su quel sedile
dell'auro suo carretto
e schiocca con la frusta
a tutti dirimpetto.

Sul carro coi sonagli
il carrettiere avanza
dominator si sente
raggiante e di baldanza.

Bellezze artistiche

Dai cieli ancor lontani dalla storia,
il patrio suol fu pieno di gioielli;
a larghe mani Iddio dai suoi scrigni,
li riversò come intrecciati anelli.

Quando il volere umano ed il divino
lavoran in stretta sintonia,
fiorisce come incanto di natura
dovunque e sempre dolce un'armonia.

Dall'Alpi se tu vai nella Calabria,
nella Sicilia ardente ed in Sardegna,
se visiti ogni lembo del suo suolo,
di quanto amor vedrai l'Italia è degna.

Il rullo compressor delle legioni,
portò nel mondo il gran romano impero:
Roma guidò l'Europa con la forza
ne nacque un regno unico e severo.

Come aquila dal suolo palestino,
a Roma giunse il segno redentore;
minato fu il potere della forza,
crebbe, nel sangue, il regno dell'amore.

Crollò l'Impero sorsero i Comuni,
la culla fu l'Italia dei castelli,
all'ombra della croce redentrice,
l'arte produsse splendidi gioielli.

Gaetano Gagliano

Un personaggio certo di rispetto
fra tanti figli grandi siciliani,
Gagliano è Gaetano che s'impone
per opere, per fede agl'italiani.

Un dì nacque in Cattolica Eraclea
formato fu dal grande Alberione;
rispose alla chiamata con prontezza:
splendore è stato ed è per la regione.

Chi non conosce la tipografia
"San Joseph" un progetto sovrumano?
Dal cuore e dalla mente essa è sgorgata
e dalla fede viva di Gagliano.

Parlare con Gagliano è un gran piacere:
noti prudenza in lui, calore umano;
ma soprattutto scopri il vero volto
quello di un'autentico cristiano.

Joe Calamia

Giuseppe Calamia da Partanna,
un giovanotto buono sognatore,
lasciando la sua terra siciliana
raggiunger volle il suo sincero amore.

Graziella Mendolia l'aspettava,
sposarono all'altare del Signore;
la fedeltà promisero perenne
nella serena gioia e nel dolore.

Son nate due figlie eccezionali,
son care sono orgoglio di famiglia;
cresciute ormai, sposate son da poco,
insieme sono dolce meraviglia.

Gestisce un esercizio molto noto;
Joe Calamia un uom che sa trattare,
amico egli è di tutti, è rispettato
nel portamento è schietto, lineare.

Al suo negozio gente d'ogni parte,
si reca a visitar l'assortimento;
è facile da "Grace" andar d'accordo,
ognuno è soddisfatto ed è contento.

Joe Calamia un figlio di Partanna,
distinto è in mezzo a tanti siciliani;
in terra canadese è tra i maggiori,
della comunità degl'italiani.

Capo d'Orso, presso Palau. Roccia erosa dal vento

Sardegna

Nel mar Tirreno sorge la Sardegna,
la meno densamente popolata
tra le regioni una delle più vaste
non sempre degnamente valutata.

Quando si parla d'isole, si sogna,
immantinente terra, cielo e mare;
si pensa a quella gente che là vive,
di viver con la pesca e il navigare.

Nella Sardegna là tutto è diverso:
la pesca viene là sol praticata
dal popolo non sardo ma da gente
nei secoli in Sardegna un dì emigrata.

La lista d'invasori è molto lunga:
Fenici, da Cartagine, e i Romani;
Focesi, Etruschi, Bizantini e Goti,
poi Genova e non ultimi i Pisani.

Della Sardegna un sogno di millenni
è realtà sublime ormai son anni;
questa regione autonoma è d'Italia,
godere al fin può libera d'affanni.

Nuoro

Alla vivace Cagliari irrequieta,
a Sassari tuffata nella storia,
ad Oristan con sugheri e aranceti,
Nuoro s'oppon città completa "sarda".

   Ancor trovar tu puoi gente in costume
   nelle viuzze antiche, cittadine;
   anziani, silenziosi ed austeri,
   d'antiche tradizioni paladini.

Ti sembra la città, dall'Ortobene,
un gregge fermo, pronto per partire;
quando percorri strade nei dintorni,
vedi che la città moderna è antica.

   La sua bellezza vien dall'armonia,
   di quelle case bianche, senza tempo,
   dagli archi e contrafforti in teoria,
   dall'ombra suggestiva di splendore.

Dal colle Sant'Onofrio un panorama
si spiega all'occhio fino ai monti Olieni;
vi son dirupi, asperità selvagge,
fino al solenne e muto Gennargentu.

   Dal lato opposto vai tu all'Ortobene,
   al Rendentor sul monte dedicato;
   si domina di qui della Sardegna,
   un ampio tratto pieno di folclore.

"Nostra Signora della Solitudine"
lungo la strada sorge la chiesetta:
qui volle la Deledda esser sepolta
in questo luogo del suo grande affetto.

Barbagia

La Barbagia è il cuor della Sardegna,
un cuore forte, fiero, silenzioso;
selvaggio è nell'aspetto, nel sembiante:
quel popolo è formato da pastori.

Sono i pastori sardi i discendenti,
degli abitanti primi di quei luoghi,
che scelsero la selva all'avanzata
di quel romano impero travolgente.

L'esilio scelto fu tra le montagne,
di quella libertà che è sempre cara;
dagli invasori "barbari" chiamati,
"Barbaracini" è il nome ormai restato.

L'origine fu questa di quel nome,
e Barbagia è il frutto d'una storia;
un nome d'una vita, d'una scelta,
che al mondo come esempio resterà.

Vitale centro della Barbagia,
è il Gennargentu, tozzo, maestoso,
confina a nord con le Baronie
contempla a sud il fiume Flumendosa.

Ad est è degradante verso il mare,
quell'aspro paesaggio pittoresco,
si fa più dolce verso le colline,
nostalgico esso guarda la pianura.

Gennargentu

Il monte Gennargentu qui in Sardegna,
è un po' massiccio troneggiante altero;
il suo profilo mostra al navigante,
il largo della costa in alto mare.

La vette più elevate: il Bruncu Spina,
Punta La Marmora, con le meno ardite,
si levano rocciose e quasi spoglie,
sopra una fascia verde di castagni.

Salire il Gennargentu è cosa dura,
la strada mulattiera è senza asfalto;
chi la percorre viene ripagato,
dal panorama e un cielo vasto e azzurro.

La visione è molto suggestiva,
è tra le più scabre dell'Italia nostra;
della Sardegna è più superba e dura
è seducente e pien d'asperità.

La zona si conserva ancor selvaggia,
mantiene intatti in vita i suoi costumi;
l'usanze sue, gli usi, i paesaggi,
cose lontan d'un tempo ormai che fu.

L'attività di base e molto antica
di questa plaga ascosta e affascinante,
resta del Gennargentu e la Sardegna,
la pastorizia rustica e costante.

Laghi della Sardegna

Un sogno gigantesco s'è avverato!
Quando s'allea l'uomo alla natura,
si compiono miracoli stupendi,
che al sol pensier farebbero paura.

Si sa che la Sardegna non è ricca
di laghi e fiumi ed acqua in abbondanza;
l'ingegno uman s'aguzza e con impegno,
certezza allor diventa la speranza.

Tre laghi d'artifici sono nati,
son collegati come una catena;
il Flumendosa e il Tirso ormai sbarrati,
e dighe e laghi e fiumi sono in piena.

Elettriche central son inserite;
prodotti son volumi d'energia;
distese immense vengono irrigate,
e tutto si sviluppa in sintonia.

Fiorisce la Sardegna, si è inserita
nelle regioni in pieno sviluppate;
la vita ha già un miraggio d'infinito
ed ogni cosa sarà migliorata.

L'orso e l'elefante nella roccia

Nel paesaggio sardo i fichi d'india,
son tra le componenti più comuni;
da sughero la quercia e palma nana,
con oliveti sono nella zona.

Nella Marmilla, campi di frumento,
biondeggiano in terren bene irrigati;
in Barumin Nuraghi preservati,
presentano un mister di civiltà.

Plaga rocciosa è il suol della Gallura:
s'affaccia al mar con costa frastagliata,
l'erosa roccia "l'orso" vien chiamata
dalla sua forma strana in verità.

Un'altra roccia detta "l'elefante"
di Castelsardo è in sito sassarese;
dal vento è cesellato quel lavoro,
caratteristica in terra di Sardegna,

Il Sud della Sardegna è di memorie
ricco di storia lieta e dolorosa;
vi sono monumenti imperituri
della sua vita nell'antichità.

Folclore non toccato, strade nuove,
lingue diverse, civiltà precise,
sono forieri segni di Sardegna
per un futuro lieto e un sorriso.

Umberto Manca

L'ascolto della radio, in tutte l'ore,
è sempre un grande aiuto e non ti stanca;
a scegliere i programmi è il direttore
provetto e sempre accorto, Umberto Manca.

In casa, per le strade, nei salotti,
la radio come amica t'è vicina;
in macchina, dovunque, giorni e notti,
la voce di chi parla s'indovina.

Attuali sono i temi in tutte l'ore,
s'alternano canzoni alla cultura,
le storia e le notizie il direttore
trasmette con chiarezza e con gran cura.

Col timbro della voce chiara e forte
sull'onde della radio Umberto insegna;
s'ascoltano programmi d'ogni sorte,
d'Umberto Manca, figlio di Sardegna.

Dante Scameroni

Dalla Sardegna venne un vero artista
è Dante Scameroni amico vero;
nella fotografia è senza pari,
con competenza agisce ed è sincero.

    È ricercata l'arte qui in Toronto;
    l'incontro coi clienti è sempre umano,
    ti fa sentir con lui come di casa
    è semplice, gentile ed alla mano.

Collabora con gioia e con sorriso,
il meglio dà di sua professione;
della fotografia parte di sua vita
Dante ne fa gelosa missione.

    Son anni ormai passati in San Nicola,
    di fede un contributo in quella chiesa,
    anche di braccia diede, col lavoro,
    coi volontari, immerso in quell'impresa.

Ai nostri giorni nella sua parrocchia,
chiamato è stato per l'Eucaristia;
il nostro Dante è forte nella fede,
e il professor nella fotografia.

Toronto. Monumento all'emigrante

L'emigrante

Partimmo dalla patria dopo guerra,
con la valigia vuota e nel dolore;
giungemmo un po' smarriti in questa terra,
nel cuor con incertezza ed ansietà.

      Lacrime noi versammo nel segreto,
      la speme posta sol nel cuor di Dio;
      la mente e il cuore ancora nel paese:
      la vita cominciò nel Canada.

Mancava spesso il pane ed il lavoro,
la lingua nuova e gente assai diversa:
la vita si sognava decorosa,
nel clima d'una dura avversità.

      Tant'acqua sotto i ponti è ormai passata;
      famiglie sono nate nell'amore,
      la gioventù d'allora si è invecchiata,
      e tanti son sepolti in Canada.

Raggiunte son mete nel progresso,
che in patria un giorno era follia sperare;
di tante strade aperto si è l'ingresso,
in questa terra d'opportunità.

      Tra i figli sono nati: professori,
      dottori, deputati al parlamento;
      non mancano avvocati, costruttori,
      nella moderna nostra società.

Anche la chiesa nella gerarchia,
ha sacerdoti e vescovi italiani;
nella cultura, in tutto, in armonia,
l'Italia porta ancora civiltà.

      Bellezza c'è grandezza e meraviglia;
      ma se la fede in Dio e nella Chiesa,
      sapremo conservar con la famiglia,
      non perderem la nostra identità.

Sogni dell'emigrante

La notte è senza luna, senza stelle,
come la mente e il cuore, desolata;
la notte è lunga come l'esistenza,
dell'emigrante che sen va lontano.

> Ei sogna notte e giorno i luoghi cari,
> il suo paese e sente nostalgia;
> la gente che non vede è nel suo cuore,
> ed ei si strugge di malinconia.

Senza risveglio è il sogno, senza luce;
non gli dà gioia e pace: è un'avventura,
solo tristezza che consuma il cuore,
solo amarezza piena di timore.

> Dell'emigrante il mondo è una palestra,
> piena di moto e colma d'incertezza,
> la luce del bel sole e dell'amore,
> cercando va con vigile premura.

Spera incontrar tra gente un suo fratello,
per stringergli la mano ed abbracciarlo;
ma non lo trova, anche se gli è vicino,
egli è lontan, lontan più della luna.

> Ma l'emigrante s'alza di buon'ora:
> morir non vuole lenta in agonia;
> riprende con coraggio il suo cammino,
> là sotto il cielo prima dell'aurora.

Egli è un eroe, è sempre un pioniere;
affronta il suo lavoro con prontezza,
affonda le radici come quercia,
e porta fiori e frutti in quantità.

> È dell'umanità benefattore,
> ogni emigrante è intraprendente e forte;
> egli è gradino d'una grande scala,
> è portator di vita e non di morte.

Monumento all'emigrante

È stato inaugurato un monumento
in quello di St. Clair all'emigrante;
la folla convenuta per l'evento
era commossa tutta era raggiante.

Quando dal blocco il velo fu rimossso
la statua apparve sotto il sole d'oro:
gettato aveva il suo fardello addosso
quell'emigrante in cerca di lavoro.

Dolce era una visione di famiglia:
giovane e fiero un padre travolgente,
la sposa, un piccolino —meraviglia—
protesi verso il nuovo continente.

Ogni emigrante strugge un sol pensiero:
veder fiorire onesto ogni desio:
un pane, un tetto, un avvenir sincero,
un migliorar secondo il cuor di Dio.

Di tutti gli emigranti è il monumento:
non c'è il cinese solo o l'italiano;
la speme c'è di tutti ed il tormento
l'angoscia espressa come un dramma umano.

Il Congresso italo-canadese

È nato qui in Toronto, son tanti anni,
per tutelar l'onore ed il progresso
un organismo serio, culturale,
degl'ital-canadesi il gran "Congresso".

Son figli d'italiani i congressisti,
propfessionisti audaci e di cultura,
che il patrimonio sacro della patria
conoscer voglion fare e con premura.

Trascorsi sono gli anni di emergenza:
quegli emigrati ormai sono inseriti;
l'economia in parte è migliorata,
cresciuti i figli sono ed istruiti.

C'è la cultura antica e la moderna
tra i popoli emigrati d'oltre mare;
sono tesori d'arte preziosi
ricchezze culturali da scambiare.

L'Italia nostra è madre della storia
riceve e dona a tutti e porta vita:
conosce e fa conoscere nel mondo
la sua vitalità, luce infinita.

L'Ital Congresso è nostra forza e gloria,
è voce in Canada chiara e sicura
protegge e premia spesso chi si staglia
nell'opere sociali e di cultura.

Son tanti i figli in terra canadese
italiani avanti nel progresso
lievito attivo sono nella massa
"futuri" i premiati dal Congresso.

Il mio borgo natio
Roseto Valfortore

In quella culla, all'alba di mia vita,
s'immerge il mio pensier lontan col cuore,
venni alla luce un giorno tra quel verde,
di boschi, colli e valli e prati in fiore.

    Bevuto ho mille volte da fanciullo,
    a quelle fonti d'acque cristalline;
    erano fresche e pure ossigenate,
    sui monti zampillanti e le colline.

Son molti, son tant'anni, sembra un sogno:
io vivo in Nord America lontano;
gente ho incontrata di tanti colori,
ma uguale è il pianto ed il dolore umano.

    Mi sento come un fiore trapiantato,
    lontano dalla cara terra mia;
    più non contemplo il dolce panorama,
    dei monti delle valli ho nostalgia.

Ma in questa terra vasta più del mare,
nel cielo azzurro che sa d'infinito,
ogni emigrante come me da fare,
s'è sempre dato e non si è mai smarrito.

    Il nostro contributo in questa terra,
    nel nuovo mondo sempre resterà,
    cultura millenaria e immenso amore
    perenne linfa della civiltà.

So dove nacqui e dove son vissuto,
anche se penso spesso al borgo mio,
felice son di mia esistenza umana
alfin riposerò nel cuor di Dio.

Canto d'addio

Fischia già la sirena
pronta è per navigar
la nave a cigolar
comincia la carena
lenta silente salpa
da poppa a prua sta
umile tanta gente
rivolta al Canada.

È l'ora dell'addio
s'intenerisce il core
si prega tanto Iddio
si piange nel dolore
per l'aria si diffonde
un senso di mistero
poi tutto si confonde
nel mare il gran veliero

e vanno sulle onde
tumulti di pensier.

Mamma o mamma amata
poema dell'amore
deh stringimi al tuo cuore
prima d'andar lontano
mamma o mamma mia
chiuso nel mio dolore
quanta malinconia
sento senza di te.

In terra d'oltremare
tra differente gente
sarai la fiamma ardente
che brucia nel mio cuore
guida sarai sicura

nel campo dell'onore
per me prega il Signore
degno di te sarò.

O mamma non addio
ma arrivederci ancor.

Il bianco il rosso il verde
speranza fede e amore
sono la tua bandiera
che porterò nel cuore
sempre da mane a sera
finché non tornerò.

Indice

Veneto

Friuli-Venezia Giulia

Emilia-Romagna

Toscana

Umbria

Lazio

Marche

Campania

Lucania

Puglia

Sardegna

Conclusione

Nato a Roseto Valfortore in provincia di Foggia il 17 marzo 1922 da Concetta e Domenico Sbrocchi, padre Giuseppe A. Sbrocchi ha compiuto gli studi ginnasiali presso i Padri Comboniani a Troia e a Brescia, e quelli filosofici e teologici presso il Pontificio Seminario Regionale "Pio XI" di Benevento. Ordinato sacerdote da S. E. Fortunato Maria Farina, vescovo di Troia e Foggia, il 1º agosto 1948, padre Sbrocchi fu subito nominato vice parroco della parrocchia di San Nicola a Orsara di Puglia, dove rimase per dieci anni, dedicandosi all'apostolato dei giovani e all'insegnamento nelle scuole secondarie. A Orsara, oltre ad occuparsi dell'Associazione dei maestri cattolici, si dedicò alla formazione dei gruppi giovanili, e li guidò nelle varie gare religiose a livello nazionale, fino al conseguimento del gagliardetto per la cultura e della targa per la musica sacra, prestigiose onorificenze conseguite in udienza rispettivamente da S.S. Pio XII e S. S. Giovanni XXIII.

Recatosi in Canada per visitare i suoi familiari, nell'aprile del 1959, fu invitato dal cardinale James McGuigan a lavorare con gli italiani e fu nominato vice parroco della chiesa di Santa Chiara. Qui, nell'estate del 1961, padre Sbrocchi iniziò i corsi di lingua italiana per i figli degli immigrati. Nel 1967 divenne parroco fondatore della chiesa di San Nicola dove rimase fino al 1976, quando fu trasferito a San Wilfried a Downsview dove tuttora risiede. Durante questi incarichi pastorali padre Sbrocchi ha mostrato un particolare interesse per l'insegnamento, ed è stato proprio lui a propagandare l'eccellenza delle scuole cattoliche. Risultato di questo costante lavoro è stata la nascita di nuove scuole, e nel 1982, il Provveditorato Cattolico ha conferito a padre Sbrocchi l'*Award of Merit* riconoscendolo ufficialmente il fondatore delle scuole elementari San Nicola di Bari, Stella Maris, Paolo VI, e l'animatore nella fondazione dei licei Brother Edmund Rice, Regina Pacis, e James Cardinal McGuigan. A padre Sbrocchi va anche il merito di aver energicamente sostenuto l'inserimento della lingua italiana nelle scuole cattoliche come materia di studio.

Nel novembre del 1991 un altro riconoscimento gli è venuto dall'elezione come consigliere per le scuole cattoliche, e dalla nomina di Monsignore conferitagli nell'agosto del 1992 da S.S. Giovanni Paolo II.

Gli amici, i parrocchiani e tutta la comunità italiana conoscono padre Sbrocchi non solo per la sua opera di apostolato, ma anche per i suoi canti, i suoi interventi su giornali, e per la sua partecipazione a programmi radiofonici a carattere religioso.

Il presente volume è pubblicato in occasione del cinquantesimo anniversario della sua ordinazione sacerdotale.